Hamburg

Nina Paulsen

Stadtgespräche aus

Hamburg

Nina Paulsen

GMEINER

Besuchen Sie uns im Internet:
www.gmeiner-verlag.de

Im Ehnried 5, 88605 Meßkirch
Telefon 07575/2095-0
info@gmeiner-verlag.de

1. Auflage 2014

Lektorat/Redaktion: Ricarda Dück
Satz/Umschlaggestaltung: Alexander Somogyi
Kartendesign: Kim-Anna Bucher
Druck: AZ Druck und Datentechnik GmbH, Kempten
Printed in Germany
ISBN 978-3-8392-1561-6

1

Der Bewahrer aus dem Gängeviertel

Darko Caramello malt in der Caffamacherreihe

Wer Darko Caramello besuchen will, muss an sechs großen Giraffen vorbei. Das mag vielleicht absurd klingen und ein bisschen ist es das auch, aber es geht um Kunst, und da ist alles erlaubt – auch ungewöhnliche Namen und exotische Tiere mitten in Hamburg. Sechs Giraffen also, meterhoch, sie sind gelb, blau und orange. Hübsch sieht das aus zwischen den saftigen grünen Bäumen, hier am Rand des Gängeviertels, nicht weit entfernt vom Gänsemarkt. Hinter der Skulptur steht ein himmelblauer Altbau, eines der 1903 errichteten Kutscherhäuser. Hier hat Darko Caramello sein Atelier. Es ist ein wirklich sehr alter Altbau. Die Klingel funktioniert nicht. Na dann: Herzlich willkommen!

Caramello sprintet geräuschvoll die Treppe runter und öffnet die Tür. Er ist drahtig, hat Farbflecken auf seinem Pullover und eine Selbstgedrehte im Mund. Soll man ihn jetzt wirklich mit »Herr Caramello« ansprechen? Das fühlt sich mindestens genauso merkwürdig an wie die bunten Giraffen vor dem Haus. Zum Glück ist er sofort per Du. Es geht durch ein dunkles Treppenhaus nach oben, in den zweiten Stock. Die Stufen knarzen unter jedem einzelnen Schritt.

Darko Caramello pinselt, während er spricht. Er hat gerade ein großes Bild vor sich liegen, auf dem schwarze und weiße Flächen, Quadrate und Würfel zu sehen sind. Caramello sagt, es gehe um Räumlichkeit und Begrenztheit, um eine dritte Dimension, die man zwar wahrnehme, jedoch nicht da sei, weil es sich ja nur um eine zweidimensionale Arbeitsfläche handle. Nach einem solchen Prinzip von Form, Fläche und Farbe funktionieren viele seine Werke, aber wie so oft bei Kunst ist es besser, sie mit eigenen Augen zu betrachten. »Vor allem, weil meine Objekte aus verschiedenen Blickwinkeln anders aussehen«, erklärt der Künstler. An vielen Orten Hamburgs sind sie zu besichtigen, etwa in Galerien, Restaurants oder Kulturzentren.

Der gebürtige Göttinger ist Gastarbeiterkind, wie er selber sagt, seine Eltern kommen aus Serbien. Seine ersten künstlerischen Geh-

Das Motto ›Komm in die Gänge‹ lockte im August 2009 Tausende ins Viertel

versuche machte er mit Graffiti, was ihm allerdings irgendwann zu langweilig wurde, »weil daran das einzig Rebellische ist, dass man das Graffiti überall hinmalt. An sich folgt diese Kunstform aber ganz strengen Regeln«. Nach der Schule kam er nach Hamburg, studierte Grafik-Design und schob eine Ausbildung als Trickfilmzeichner nach, bis er irgendwann begann, seinen Stil als freier Künstler zu suchen und ihn auch fand.

Als er sich 2006 selbstständig machte, kam Caramello ins Gängeviertel, ein Komplex aus zwölf historischen Gebäuden mit engen Gassen zwischen den Straßen Caffamacherreihe und Valentinskamp. Die Häuser, ehemalige Sozialwohnungen, standen bis auf ein paar vereinzelte Mieter lange leer – und immer mehr Künstler fanden hier eine Unterkunft. Bis die Stadt das Gelände an einen Investor verkaufte, der einen simplen Plan hatte: das meiste abzureißen und neu zu bebauen. Für die Bewohner war das ein Schock. In der Zwischenzeit hatten sie sich gut in den Altbauten eingerichtet und manche aus eigener Tasche renoviert. Sie machten sich auf, das Gängeviertel zu retten, traten in Verhandlung mit der Stadt. Und Darko Caramello war einer der Gesprächsführer.

Die Rettung gelang jedoch vor allem mit einer spektakulären Aktion, die sogar bundesweit Schlagzeilen machte: Am geplanten Räumungswochenende Ende August 2009 organisierten die Künstler unter dem Motto ›Komm in die Gänge‹ zwei Tage voller Musik, Kunst und Kultur, zu denen Tausende Hamburger ins Gängeviertel strömten. Es wurde ein großes, friedliches Fest – und die Räumung fiel aus. Auch weil ein großer Teil der Öffentlichkeit die Künstler unterstützte, kaufte die Stadt die Häuser zurück. Seit November 2011 steht das Viertel nun unter Denkmalschutz und soll mit der Zeit saniert werden. Die Bewohner dürfen bleiben. »Das war eine wirklich aufregende Zeit«, sagt Caramello. »Keiner wusste, was passiert. Wir hatten keine Erfahrungswerte, auf die wir zurückgreifen konnten.« Erfolgreich war die Strategie trotzdem.

Wer die knarzenden Stufen aus dem Kutscherhaus wieder hinuntergeht, muss draußen an einer Installation von Caramello vorbei. Sie ist zwar groß und imposant, steht aber in einer hinteren Ecke des Innenhofs und außerdem ist man beim Kommen ja von den sechs Giraffen abgelenkt. Das Objekt besteht aus aufgetürmten, bunten, rechteckigen Quadern aus Holz. Erst wenn man näher herangeht, sieht man, dass sie einen großen runden Bogen formen. ›Jump Baby‹ heißt das Werk.

Ach ja: Was hat es denn nun mit dem Künstlernamen Darko Caramello auf sich? »Darko heiße ich wirklich«, sagt er. Das bedeute auf Deutsch ›Bewahrer des Guten‹. Und Caramello? »Den Namen habe ich ausgesucht, weil er so schön albern ist.« Tja. Klingt absurd, ist es auch. Aber wie war das noch? Es geht um Kunst – und da ist nun einmal alles erlaubt.

DARKO CARAMELLO
CAFFAMACHERREIHE 43
20355 HAMBURG
WWW.DARKO-CARAMELLO.COM

2 Aber bitte mit Sahne!

Jasmin Wagner genießt in ›Lühmanns Teestube‹

Von der Fensterbank winkt Queen Elizabeth. Eine kleine, von Solarenergie betriebene Plastikfigur der britischen Königin im rosa Kleid, mit weißen Handschuhen und einem kleinen Krönchen auf der Frisur. Ein bisschen kitschig? Vielleicht. Aber in ›Lühmanns Teestube‹ passt das royale Accessoire perfekt – immerhin hat Inhaberin Monika Lühmann eine nicht zu unterschätzende Großbritannienaffinität und vor der Eröffnung ihres Cafés mit englischen Produkten gehandelt. Da ist eben eine ganze Menge hängen geblieben.

›Lühmanns Teestube‹ in Hamburg-Blankenese ist ein urgemütliches Refugium aus ansonsten stilvoller Dekoration, antiken Möbeln und frischen Blumen. Auf der Speisekarte stehen Suppen, Salate, verschiedene Variationen für das Frühstück und raffinierte britische wie nicht-britische Kleinigkeiten. Vor allem aber gibt es Kuchen. Und genau deswegen kommt Jasmin Wagner so gern hierher. »Einen Brombeer-Apfelkuchen, bitte«, bestellt sie, dazu einen Tee. »Ach ja, und ich hätte gern etwas Schlagsahne dazu.« Wenn die Hamburger Künstlerin genießt, dann richtig. Und das geht bei Monika Lühmann deshalb besonders gut, weil die Portionen üppig sind. »Ich finde es herrlich hier, wegen des Kuchens und des Flairs. Die Stühle und Tische sind alle unterschiedlich, nichts passt hier richtig zusammen. Trotzdem ist die ganze Atmosphäre stimmig«, sagt Wagner. »Man versinkt in den Möbeln und kann sich richtig vorstellen, wer hier schon alles gesessen haben mag.«

Die Kellnerinnen, junge Frauen Mitte 20, kennen Jasmin Wagner. Nicht nur, weil sie öfter kommt, sondern auch weil sie in den 90er-Jahren ein Teenie-Star war. ›Blümchen‹ lautete ihr Künstlername in jener Zeit, ihr Stil war fröhliche, energiegeladene Technomusik, die eingängigen Refrains sang sie mit ihrer hohen, glockenklaren Mädchenstimme. Bei ihrem ersten Hit ›Herz an Herz‹ war die 1980 geborene Hamburgerin gerade 15 Jahre alt – und verkaufte in den Jahren danach Millionen von Platten, ging auf Welttourneen, gewann Musikpreise. »Dieses Leben von damals ist mittlerweile

Die antiken Möbel in ›Lühmanns Teestube‹ sind bunt durcheinander gewürfelt

ganz weit weg für mich«, sagt sie heute. »Und in aller Regel begegnet es mir auch nicht mehr.« Eigentlich nur, wenn andere sie danach fragen würden. »›Blümchen‹ war ein wichtiger Lebensabschnitt für mich, aber er ist seit 2001 zu Ende«, stellt sie klar.

Musik macht Jasmin Wagner allerdings noch immer. Sie schreibt Lieder für sich und andere Künstler und verkörperte 2013 die Rolle der verstorbenen Chanson- und Schlagersängerin Alexandra im gleichnamigen Musical. Anzutreffen ist Jasmin Wagner auch auf der Bühne der ›Hamburger Kammerspiele‹ – oder in Fernsehstudios, wo sie als Moderatorin arbeitet, für TV-Filme und Serien vor der Kamera steht. Die Texte für ihre Auftritte lernt sie gern hier, in ›Lühmanns Teestube‹. Oder bei sich zu Hause im Stadtteil St. Georg, wo sie seit vielen Jahren wohnt. Aufgewachsen ist sie jedoch in Jenfeld, im äußersten Osten Hamburgs. Mit ihrem Bruder und ihren Eltern lebte sie dort in einem Einfamilienhaus, die Großeltern wohnten nur eine Straße entfernt. »Ich bin oft zu ihnen rübergegangen. Meine Oma hat die besten Mürbeteigkekse der Welt gemacht«, schwärmt sie. Auch die Kuchen in ›Lühmanns Teestube‹ erinnern sie an ihre Großmutter. Sie nimmt sich noch einen Klecks Schlagsahne nach.

Sie kann das mit gutem Gewissen tun, denn Sport ist heute wie früher wichtig für sie. Zu Wagners Lieblingsspielen als Kind zählte, mit ihrer besten Freundin die Turniere der damals bewunderten Tennis-Legenden Steffi Graf und Monica Seles im Garten nachzustellen. In den Ferien ging es zu den Eltern ihrer Mutter, nach Kroatien. Lange sind sie mit dem Auto dorthin gefahren, ihren ersten Flug erlebte Jasmin Wagner erst im Alter von zwölf Jahren. Hat sie sich bereits als kleines Mädchen gewünscht, mal eine berühmte Sängerin zu werden? »Nein. Auch wenn man mich später auf der Bühne anders erlebt hat: Ein besonders extrovertiertes Kind war ich nicht.«

Trotzdem stand sie schon früh in der Öffentlichkeit. Noch vor der Einschulung war sie Kindermodel für einen Versandhauskatalog. Als Cheerleader für die ›Hamburg Blue Devils‹ sprang und tanzte sie einige Jahre später vor und während der Football-Spiele vor Publikum über den Rasen. Wagners Gesangslehrerin entdeckte ebenfalls zu dieser Zeit ihre außergewöhnliche Stimme – und vermittelte sie an Produzenten, die eine junge Künstlerin für ein neues Musikprojekt suchten. ›Blümchen‹ war geboren – und für Jasmin Wagner ein völlig neuer Lebensabschnitt. »Als es richtig losging, wusste ich gar nicht, was das bedeutet. Auf einmal ist da dieser Erfolg und man geht auf Tour mit einem riesigen Tross an Menschen und steht irgendwo auf der Bühne. Mir war das am Anfang noch nicht so recht geheuer«, erzählt sie. Ihre Mutter ging mit auf Tour, um ihre Tochter zu unterstützen – und auch ein bisschen, um auf sie aufzupassen.

Nach dem Ende der ›Blümchen‹-Zeit fand Jasmin Wagner schließlich zu sich selbst. Mit dem Rucksack reiste sie erst um die Welt, lernte Wellenreiten, was sie bis heute begeistert. Und sie studierte an der ›American Academy of Dramatic Arts‹ in Hollywood Schauspielerei. »Das waren unglaublich tolle Jahre«, erinnert sie sich. »Ich hatte Freunde und Flirts und ein ganz normales Leben. Niemand kannte mich dort. Es war ein gutes Gefühl zu spüren, dass ich als Mensch noch dieselbe war wie vor der ›Blümchen‹-Zeit.« Was den Aufenthalt in Los Angeles für die Künstlerin noch bereicherte: die Lage am Pazifischen Ozean. »Ich habe ein Faible für Städte am Wasser, ich bewege mich gern draußen und auf dem Meer.« Und das ist von Hamburg ja auch nicht weit entfernt – egal, ob es einen nun an Ost- oder Nordsee zieht.

Queen Elizabeth winkt solarbetrieben von der Fensterbank

Wer Jasmin Wagner vor allem als ›Blümchen‹ in Erinnerung hat, wird erstaunt sein, wie wenig dieses Bild mit der eloquenten und reflektierten jungen Frau zu tun hat, die sie heute ist. »Bei allem, was ich jetzt mache, geht es zunächst um meinen inneren Maßstab: In erster Linie muss *mir* gefallen, was ich hervorbringe. Es zählt nicht, was andere sagen. Es zählt, dass ich zufrieden bin.« Wie so oft im Leben gehörte das auch bei ihr zu den Erkenntnissen, die erst im Laufe der Jahre heranreifen müssen – Souveränität und Selbstsicherheit werden schließlich den wenigsten in die Wiege gelegt. Das Gleiche gilt wohl für Erfolg. »Natürlich habe ich auch Glück gehabt. Aber ich habe auch immer viel riskiert«, sagt Wagner. Und sie strengt sich an, arbeitet an sich. »Ich stecke meine ganze Kraft in meinen Job und versuche immer, mich zu verbessern und weiterzuentwickeln.« Dass das klappt, haben auch Theaterkritiker festgestellt: Für ihre Rolle als Alexandra ebenso wie für andere Auftritte auf der Bühne erhielt sie anerkennendes Lob.

Nur noch ein paar Krümel sind auf dem Kuchenteller übrig geblieben und auch die Sahne ist leer. Und wie geht es jetzt weiter? Unkompliziert. »Ich lebe von Projekt zu Projekt«, sagt Wagner, »und schaue, wohin es mich treibt.« Theater, Film, TV, Bühne,

Musik – alles ist schließlich möglich. Wohnen will sie vorerst weiter in Hamburg, auch wenn ihr Lebensgefährte ein Schweizer ist. Größere Unterschiede gibt es zwischen der Hamburger Deern und ihrem Partner aus den Bergen jedoch nicht zu überbrücken. »Auf eine gewisse Art und Weise ist er wie ein Hamburger. Wir denken auch sehr gleich.« Jasmin Wagner überlegt kurz, und muss dann lachen. »Außerdem spricht er ohne Akzent und damit perfektes Hochdeutsch.« Doch das ist es natürlich nicht, was sie an ihm so mag, sondern seine innere Ruhe. »Wir ergänzen uns da sehr gut, weil ich irgendwie immer in Bewegung bin.«

Wenn sie selbst einen Rückzugsort braucht, zieht es Jasmin Wagner an die Alster, die sie von St. Georg in wenigen Gehminuten erreichen kann. »Die Alster ist für mich ein Kraftfeld, ich kann hier abschalten und wieder Energie tanken.« Und dann gibt es ja noch Blankenese. Nicht weit entfernt von ›Lühmanns Teestube‹ liegt das Treppenviertel, ein von mehr als 5.000 Stufen durchzogenes Labyrinth aus urigen Häusern, kleinen Villen und verwinkelten Gassen. »Da ist es wunderschön«, schwärmt Wagner. »Das sollte man unbedingt sehen, wenn man in Hamburg ist.« Am besten nach dem Genuss eines Kuchens mit Schlagsahne in ›Lühmanns Teestube‹. Wer will, kann die Kalorien dann gleich wieder auf den Treppen abtrainieren. Oder man bleibt sitzen und bestellt einen Nachschlag. Queen Elizabeth winkt einem im jeden Fall zu – so lange, bis es draußen dunkel wird.

LÜHMANNS TEESTUBE
BLANKENESER LANDSTRASSE 29
22587 HAMBURG
WWW.LUEHMANNS-TEESTUBE.DE

CLAAS STÖRTEBEK
GODEKE MICHELS

3

Ende mit Schrecken

Klaus Störtebeker blickt über die Hafencity

Der Schreck muss den Schaulustigen durch Mark und Bein gefahren sein. Es war der 20. Oktober 1401, und nachdem das schwere Beil des Henkers den Kopf von Klaus Störtebekers Körper abgeschlagen hatte, erhob dieser sich taumelnd vom Richterblock, den man auf der Hamburger Binneninsel Grasbrook aufgestellt hatte. Der berühmt-berüchtigte Pirat hatte dem Bürgermeister vor seiner Exekution noch ein Versprechen abgerungen: Jeden seiner Kameraden, an dem er es nach seiner Enthauptung noch schaffe vorbeizugehen, möge man verschonen. Und der Legende nach geschah genau das: Kopflos, wahrscheinlich blutend und als ein für alle Beteiligten furchterregender Anblick passierte der sterbende Störtebeker noch elf seiner 73 Männer, bevor ihm der Henker ein Bein stellte.

An diesen grausigen Tag erinnert auf dem Grasbrook, der heutigen Hafencity, mittlerweile nichts mehr – außer ein Abbild Störtebekers selbst. An dem Ort, an dem er starb, steht er nun: als bronzenes Denkmal mit stolzem Gesichtsausdruck, den Blick in die Ferne gerichtet. Das Leben des Piraten war dabei nicht weniger sagenumwoben als sein Tod. Auf Nord- und Ostsee hatte er als Anführer der Vitalienbrüder Schiffe geentert und die Schätze an Land mit den Armen geteilt. Der Name Störtebeker (Plattdeutsch für ›stürz den Becher‹) wurde ihm dabei angedichtet, weil er besonders trinkfest gewesen sein soll – eine Eigenschaft, der sich bis heute viele Seeleute rühmen. Seine letzten Tage verbrachte der Pirat allerdings wenig ruhmreich in einem Gefängnis. Und auch sein letzter, der Überlieferung nach kopfloser Gang hat am Ende niemandem geholfen. Alle Kameraden wurden hingerichtet.

HAFENCITY
OSAKAALLEE / BUSANBRÜCKE
20457 HAMBURG

4 Herren einer großen kleinen Welt

Gerrit und Frederik Braun bauen das ›Miniatur Wunderland‹

Die Hamburger Zwillingsbrüder Frederik und Gerrit Braun betreiben in der Speicherstadt das ›Miniatur Wunderland‹, die größte Modelleisenbahnanlage der Welt. Ein klitzekleines, aber doch riesiges Reich aus Schienen, Straßen, Bergen, in der gestandene Männer zu Kindern werden und jährlich mehr als eine Million Besucher Schlange stehen. Wie kommt man nur auf solch eine Idee?

Nina Paulsen: 1.300 Quadratmeter Fläche, 13 Kilometer Gleise, 930 Züge, 215.000 Figuren. Wie verrückt muss man sein, um so etwas wie das ›Miniatur Wunderland‹ zu bauen?
Frederik Braun: Wir haben beide eine ziemlich große Portion Verrücktheit. Wir wären auch nicht da, wo wir heute wären, wenn wir nicht verrückt wären. Ich glaube, jemand der unemotional durchs Leben geht, könnte das nicht verwirklichen.
Die Idee hatte Frederik im Jahr 2000. Wie viele Leute haben euch von eurem Plan abgeraten?
Gerrit Braun: Selbst ich war anfangs nicht überzeugt. Vor allem, weil ich das Geschäft hinter Freddys Idee nicht gesehen habe, auch wenn sich das alles toll anhörte. Erst als der Mietvertrag stand, der Bankkredit bewilligt war und seine leuchtenden Augen nicht nachließen, kam bei mir die Überzeugung, es tun zu wollen. Eröffnet haben wir dann 2001. Ruhig geschlafen habe ich erst 2002.
Frederik: Als mir die Idee in einem Modelleisenbahngeschäft in Zürich kam, war das einer der wichtigsten Momente meines Lebens. Ich weiß noch genau, dass es am 13. Juli war. Doch keiner hat das richtig ernst genommen. Familie, Freunde – keiner hat an den Plan geglaubt.
Habt ihr ein Scheitern mit einkalkuliert?
Frederik: Ich wusste, dass es funktioniert.
War euch klar: Wir machen das nur zu zweit?
Frederik: Wir sind sogar zu dritt, wir haben mit Stephan Hertz noch einen Partner, der sich eher im Hintergrund hält. Aber Gerrit und ich stehen ja ganz gern in der Öffentlichkeit. *(lacht)*

Die Braun-Brüder haben auch das HSV-Stadion nachgebaut

Gerrit: Na ja, wir haben uns dran gewöhnt …
Frederik: Stimmt, eigentlich sind wir schüchtern. Allerdings interessieren die Medien sich ja auch für Zwillinge. Also sind wir das Aushängeschild. Ich hätte es aber nie im Leben ohne ihn gemacht.
Gerrit: Geht mir genauso. Keine Chance. Hätte ich mich gar nicht getraut. Es ist ja so: Glück ist das Einzige, was sich verdoppelt, wenn man es teilt, und geteiltes Leid ist halbes Leid.
Frederik: Ich habe auch großen Respekt vor Gerrit. Wenn er als Zahlen- und Statistikgenie, das er nun einmal ist, es nicht gemacht hätte, wäre ich vorsichtig geblieben. Ich bin so ein Hyper-Optimist und er ist eher … realistisch. Ich soll ja nicht mehr sagen pessimistisch.
Gerrit *(bricht in schallendes Gelächter aus)*: Er hat mich immer den Werkspessimisten geschimpft.
Wer ist von euch der Ältere?
Gerrit: Ich. Fünf Minuten.
Und hat sich das in eurer Kindheit bemerkbar gemacht?
Gerrit: Was die Ausbildung betrifft, war ich wohl etwas gradliniger. Er hat eher gelebt und ich habe eher gearbeitet.
Frederik: Ich würde fast sagen, er ist mein großer Bruder. Auch vom Respekt her, was seine Allgemeinbildung betrifft. Das ist schon ein anderes Niveau.
Gerrit: Das werde ich mir merken.

Bereits als Kinder habt ihr mit Modelleisenbahnen gespielt. Welche war die erste, die ihr besessen habt?

Frederik: Eine klassische Märklin-Eisenbahn, die wir dann sehr schnell kaputt gespielt haben. Eigentlich haben wir alle Modelleisenbahnen, die wir geliebt haben, irgendwann kaputt gespielt.

Wie lange hat es gedauert, das alles aufzubauen?

Frederik: Grundsätzlich sind wir beide unvorstellbar ungeduldig. Wenn wir eine Idee haben, rennen wir sofort los. Genau so war es auch. Ich hatte im Internet eine Umfrage gestartet und wollte wissen, was Touristen sich in Hamburg anschauen wollen – und das Ergebnis war phänomenal. Ich hatte eine Liste mit 40 Sehenswürdigkeiten erstellt und das ›Miniatur Wunderland‹ darunter geschmuggelt, obwohl es das zu diesem Zeitpunkt nur in meinem Kopf gab. Jeder zweite Mann hatte es angekreuzt! Bei den Frauen waren es jedoch viel weniger. Trotzdem wusste ich: Jetzt geht es los. Am 1. November 2000, also dreieinhalb Monate nach der Idee, haben wir angefangen, uns einzurichten, und am 15. Dezember die ersten Gleise verlegt. Acht Monate später haben wir eröffnet.

Was war das für ein Gefühl, hier in diesen leeren, großen Räumen zu stehen und so ein Mammutprojekt vor sich zu haben?

Frederik: Es waren 1.600 Quadratmeter Fläche und wir standen tatsächlich sprachlos davor. Die Euphorie war da und wir wussten, was wir bauen wollten. Aber wie fängt man bloß an? Gestartet sind wir dann mit Mitteldeutschland, also mit dem Harz. Danach kam Knuffingen, wo Gerrit sein Schloss gebaut hat. Und die Alpen. Das war unser erster Bauabschnitt.

Knuffingen ist eine Fantasiestadt im ›Miniatur Wunderland‹ mit 6.000 Einwohnern, Zügen, fahrenden Autos und Hügeln drum herum – und eben einem Schloss. Woher der Name?

Gerrit: Wir haben an Knuffingen sechs Monate gebaut und ich habe acht Monate lang die Software für die Lichtsteuerung der Autos programmiert. Meine Frau hat mich in dieser Zeit kaum gesehen und wenn doch, hat sie mich ertragen müssen. Ihr Spitzname ist ›Knuff‹. So kam ich auf Knuffingen und das fanden auch alle gut.

Wie heißen dann die Einwohner von Knuffingen?

Gerrit: Knuffinger. Oder Knuffis. Nee, Knuffinger.

Frederik: Was ganz witzig ist: Das Wort gab es bis dahin nicht. Beim Googeln hatten wir null Treffer. Heute bekommt man Tausende.

Also ein Geniestreich.

Gerrit: Es gibt mit www.knuffingen.de sogar eine eigene Internetseite, ein Stadtportal mit Touristeninformation, einen Bürgermeister, ein Stadtwappen.

Verrückt. Welcher ist euer liebster Ort im ›Miniatur Wunderland‹?

Gerrit: Ich muss immer aufpassen, dass es nicht der neueste Bauabschnitt ist, da steckt für eine gewisse Zeit das meiste Herzblut drin. Es ist aber Knuffingen, wegen der Geschichte. Und der Flughafen.

Frederik: Für mich ist es immer noch Schweden, da liegt nämlich Schnee, das sieht so romantisch aus, wenn es dunkel ist. Und der Blick von oben auf die Schweiz, da kann man von einem Balkon gucken.

Komisch, dass jetzt keiner Hamburg gesagt hat. Das gibt es hier ja auch – inklusive Fernsehturm, Landungsbrücken, Köhlbrandbrücke …

Ein Blick auf die nachgebaute Köhlbrandbrücke und den Verkehr

Frederik: Ich glaube, weil wir Hamburg heute anders bauen würden. Das ist 2002 entstanden, als wir noch gar nicht so sehr den Anspruch hatten, authentisch zu bauen.

Gerrit: Mir gefällt Hamburg, vor allem die vielen Gleise am Hauptbahnhof. Aber insgesamt würde ich es gern noch mal bauen.

Tut es nicht weh, etwas abzureißen?

Gerrit: Doch. In jedem einzelnen Quadratmeter stecken nämlich 300 Arbeitsstunden drin. Beim Flughafen waren es sogar 2.000 Arbeitsstunden.

Wird immer streng nach Plan gebaut?

Frederik: Gleisverläufe und markante Punkte planen wir vorher. Der Rest ergibt sich. Wir sagen dann zu unseren Modellbauern immer, sie sollen einfach machen. So entstehen auch die kleinen Witzchen, zum Beispiel die Nackten. Wir haben ja ein bisschen mit dem Thema Liebe gespielt.

Sexszenen auf der Modelleisenbahn?

Frederik und Gerrit: Nein! *(lachen)*

Frederik: Doch. Man muss da unsere Modellbauer eher bremsen. Es gibt Sex in allen Lagen, zum Beispiel in einem Auto, das sich auf Knopfdruck entsprechend bewegt. Wer genau hinguckt, entdeckt das.

Ihr seht euch jeden Tag. Geht ihr euch auch mal auf die Nerven?

Gerrit: Eigentlich sehen wir uns sogar zu wenig. Ich bin meistens im vierten Stock, wo die Anlage ist, und er ist im dritten in seinem Büro. Es gibt Tage, da möchten wir gern miteinander sprechen und schaffen es nicht.

Frederik: Ich muss gestehen, er ist die treuere Seele. Er kommt öfter zu mir runter als ich hoch zu ihm.

Also Friede, Freude, Eierkuchen?

Frederik: Nein, nicht immer. Uns bringen schon Kleinigkeiten auf die Palme und dann hassen wir uns eine Sekunde und beschimpfen uns mit Tierwörtern. Aber 99,99 Prozent des Tages lieben wir uns abgöttisch. *(lacht)*

Wird das ›Miniatur Wunderland‹ weiter wachsen?

Frederik: Es gibt keine Endplanung, es geht weiter. Ab 2015 soll Italien fertig sein. Danach, aber das ist nur eine Idee, könnten wir Monaco bauen. Und wenn wir vielleicht noch mehr Platz im Haus bekommen, könnten Frankreich und England folgen, Afrika, der Nahe Osten …

Klingt nach einer Lebensaufgabe.

Frederik: Ist es auch. Aber ich komme jeden Morgen gern hierher, das ist die höchste Lebensqualität, die man haben kann.

Gerrit: Sehe ich genauso. Ich werd hier begraben.

MINIATUR WUNDERLAND
KEHRWIEDER 2
20457 HAMBURG
WWW.MINIATUR-WUNDERLAND.DE

5 Geht nicht, gibt's nicht!

Annemarie Dose gründete die ›Hamburger Tafel‹

Es ist schon ein paar Jahrzehnte her, da hatte es mit den Menschen in Hamburg eine besondere Bewandtnis. Das gehobene Bürgertum in der traditionsreichen Hansestadt teilte die Bewohner nämlich in drei Kategorien ein, um festzulegen, wer ein wahrer Hamburger sei – und wer sich nur ein bisschen als ein solcher fühlen dürfe. Die erste Gruppe: die geborenen Hamburger. Das waren all jene, die in mindestens dritter Generation in der Hansestadt zur Welt gekommen waren. An zweiter Stelle standen die gebürtigen Hamburger. Sie waren zwar hier geboren, ihre Vorfahren jedoch nicht. Die dritte Kategorie bildeten die Zugereisten, die noch heute halb liebevoll, halb spöttisch ›Quiddjes‹ genannt werden. Zu früheren Zeiten waren die Quiddjes aber auch diejenigen, über die manch konservativer Hanseat seine vornehme Nase rümpfte.

Annemarie Dose ist so ein Quiddje. Zumindest von der Theorie her, denn sie stammt aus einem Dorf nahe Meißen und damit aus Sachsen – und sie hat eine gewisse Distanz stolzer Hamburger ihr gegenüber zu spüren bekommen, als sie 1952 in die Hansestadt kam. Wenn man aber mal von der alten Kategorisierung absieht, hat sie alles andere als eine solch spöttische Bezeichnung verdient. Im November 1994 gründete sie die ›Hamburger Tafel‹ und trug maßgeblich dazu bei, dass sich die Idee, Lebensmittel an Bedürftige zu verteilen, in ganz Deutschland durchsetzte. Sie ist dafür Klinkenputzen gegangen bei lokalen Unternehmen, hat Spenden gesammelt, Zeit und Arbeit investiert. Dafür hat Ami, wie sie von allen genannt wird, höchste Auszeichnungen erhalten: den Hamburger Max-Brauer-Preis etwa oder das Bundesverdienstkreuz Erster Klasse, das sie jedoch in der untersten Schublade in ihrem Wohnzimmerschrank aufbewahrt. »Aus solchen Ehrungen mache ich mir überhaupt nichts«, sagt sie ziemlich energisch. »Die Tafeln würden vor allem ohne die vielen Helfer nicht funktionieren.« Das stimmt. In dem mittlerweile 1.200 Quadratmeter großen Lebensmittel-Lager in der Bramfelder Straße in Barmbek engagieren sich mehr als 100 Freiwillige.

Annemarie Dose, hier mit Helfer Jan-Henrik Hellwege, hat früher viel selbst mit angepackt

Das alles so kam, wie es kam, ist zu einem großen Teil dem Zufall zu verdanken. Drei Jahre nach Kriegsende, im Alter von 19 Jahren und in den Wirren des Wiederaufbaus, packte Ami in einer Nacht-und-Nebel-Aktion ihren Rucksack und kaufte sich eine Zugfahrkarte bis an die Grenze der damaligen sowjetischen Besatzungszone. »Es war ein Abenteuer. Ich hatte keine Vorstellung davon, wie gefährlich das war, was ich gemacht habe, gerade als Mädchen«, erinnert sie sich heute. Denn weiter ging es per Anhalter. Das erste Auto, das stoppte, war auf dem Weg nach Hamburg. »Da stieg ich ein.« Und wenn der Wagen nach München gefahren wäre? »Dann wäre ich eben dort gelandet.« Das Wort ›Zufall‹, sagt Ami, sei doch im Grunde nur ein Pseudonym für den lieben Gott. Angesichts ihrer großen Gelassenheit glaubt man ihr, wenn sie sagt: »Es kommt alles so, wie es kommen soll.«

Hamburg also. Und dann? »Ich bin zur Polizei gegangen und habe gefragt, was ich jetzt machen soll«, erzählt sie. Das war pragmatisch – die Antwort des Beamten jedoch niederschmetternd. Sie solle nach Hause zurückkehren oder weiterziehen nach Schleswig-Holstein, da suchten die Bauern Arbeitskräfte. In Hamburg aber sei nichts zu machen, es herrsche Zuzugsstopp. Wer komme, dürfe drei Tage bleiben – und sich dann bitte schön aus dem Staub machen. Ami tauschte ihren Schmuck gegen Geld, schlief in einer ausgebrannten Kirche und zog weiter nach Dörpstedt in die Nähe von Schleswig. Neun Monate verbrachte sie hier als Hilfskraft auf einem Hof, lernte Melken und Schnapsbrennen, bevor sie eine Ausbildung zur Krankenpflegerin im Schleswiger Landeskrankenhaus absolvierte. »Das war eine irre Zeit. Es gab zehn Mark im Monat und alle sechs Wochen 30 Mark fürs Blutspenden.« Eigentlich, sagt Ami etwas nachdenklich, habe es damals immer gegolten, das Beste aus jeder Lage zu machen. »Unsere Generation hat gelernt zu improvisieren, immerhin sind wir in einer Notzeit groß geworden.«

Als Hamburg sich endlich öffnete und Ami in einer Familie unterkam, die ein Reformhaus betrieb, lernte sie über ihre Chefin Herbert Dose kennen, der donnerstags zum Canastaspielen zu ihnen kam. Zwei Jahre später heirateten sie. »Seine Familie war eine erzkonservative Hamburger Familie«, sagt Ami. »Und dann kam ich als Quiddje dazwischen. Das haben sie mich so manches Mal spüren lassen.« Zusammen baute das Paar das Haus aus gelbem Klinkerstein in Volksdorf, in dem Ami noch heute wohnt. »Ich habe mich während unserer Ehe um Haus, Garten und Familie gekümmert«, erklärt sie, »wie es damals eben war.«

Als sie 66 Jahre alt wurde, starb ihr Mann. »Ich habe mich gefragt: Was machst du jetzt? Ich wollte nicht das tun, was andere in meiner Lage machten, also Schiffsreisen, Golf spielen oder so ein Zeug. Ich musste etwas tun, bei dem ich abends wusste, dass jemand anderes einen Nutzen davon hat. Ich wollte etwas tun, das Sinn und Zweck hat.« Wieder hatte der Zufall seine Finger im Spiel. Im Fernsehen sah sie einen Bericht über die ›Berliner Tafel‹, die sich gerade frisch gegründet hatte, und erfuhr, dass die Idee aus den USA kam. »Ich wusste sofort: Das ist es!« Doch wie zieht man solch ein Projekt auf? Einen Plan hatte Ami nicht, also ging sie mit einem Einkaufskorb zum Bäcker an der Ecke, um das Brot vom Vortag abzuholen und es zur Heilsarmee zu bringen, die sich über die Spende freute. Sie ging deshalb zu weiteren Bäckern, zu Obst- und Gemüsehändlern und wer noch alles mit Lebensmitteln sein Geld verdiente. Sie machte anfangs alles allein – auf eigene Kosten mit ihrem Auto. »Meine Kinder und Freunde dachten anfangs, ich sei verrückt geworden.«

War sie aber nicht. Ihr Engagement stieß bei den Betroffenen auf offene Arme und Ohren, und es fanden sich Freiwillige,

Das Kochbuch enthält Rezepte für gesundes Essen, das wenig kostet

die mitmachten. Dose ließ Werbepostkarten drucken, darauf der Spruch: ›Mit 66 Jahren, da fängt das Leben an‹, gründete 1994 den Verein ›Hamburger Tafel‹. Die ›Hamburger Morgenpost‹ spendierte eine Dachkammer als Büro, ein befreundeter Architekt stiftete den ersten Lieferwagen, ein Mobilfunkanbieter ein paar Handys. »Und dann ging alles Schlag auf Schlag.« Ihr Credo bei alldem: »Geht nicht, gibt's nicht!« Schnell wurde es zum wichtigsten Teil ihres Jobs, Sponsoren zu finden. »Die Gelben Seiten waren sozusagen meine Bibel«, lacht sie. Sie stellte sich und die Tafel bei großen Unternehmen und Supermarktketten vor, sprach vor Rotariern und in Lions Clubs, in der Diakonie, in Kirchen nach den Predigten. »Ich hatte manchmal Angst vor meiner eigenen Courage«, sagt Ami, »und habe in dieser Zeit massenhaft Baldrian verbraucht. Es hätte ja alles auch schiefgehen können.«

Doch das Gegenteil passierte. Sie bekam in der Folge viel Hilfe und Unterstützung, wie von der Lions-Jugendorganisation ›Leos‹, die bis heute Lebensmittel für die Tafeln einsammelt. Das Projekt wuchs und immer mehr Folgevereine gründeten sich, als andere Menschen sahen, wie es in der Hansestadt funktionierte. Mehr als 900 sind es heute in Deutschland mit mehr als 50.000 ehrenamtlichen Helfern. In Hamburg hat die Tafel seit 2009 ihr großes Lager in der Bramfelder Straße 102, bis zu 60 Tonnen Lebensmittel laufen hier jede Woche durch und versorgen rund 80 soziale Einrichtungen in der Stadt, also Suppenküchen, Übernachtungsstätten für Obdachlose, Betreuungseinrichtungen für Drogenabhängige. 10.000 Bedürftige profitieren davon. Ami hat außerdem Kochkurse für Familien mit kleinem Einkommen initiiert und Kochbücher mit Rezepten für günstiges und gesundes Essen drucken lassen. Finanziellen Rückhalt bekommt die Tafel seit 2002 durch die spendenfinanzierte Annemarie-Dose-Stiftung.

Heute lebt Ami mit ihrer Familie in einem Dreigenerationenhaus. Sie raucht ab und zu eine lange, schlanke Zigarette, die sie in einem glänzenden Etui aufbewahrt. »Ein Laster muss der Mensch haben«, schmunzelt Ami und recht hat sie. Wenn Zeitungen und das Fernsehen sie nun als ›Engel der Armen‹ bezeichnen, gefällt ihr das allerdings nicht – ebenso wenig wie ihre Preise und Auszeichnungen. »Hätten sich nicht so viele Menschen für die Idee begeistert, wäre das alles nichts geworden«, sagt sie. »Aber es ist gut, wenn andere sehen, dass man tatsächlich etwas tun und sich engagieren kann.« Und so ist es: Als Ami Dose sich Ende 2012 im Alter von 84 Jahren in den Ruhestand verabschiedete, nannte der Sozialsenator der Hansestadt sie in einer Rede bei einem eigens für Ami arrangierten Festakt ›ein Vorbild‹. Und nichts anderes ist sie, längst nicht mehr nur für die Hamburger. Quiddje hin, Quiddje her.

HAMBURGER TAFEL E.V.
BRAMFELDER STRASSE 102B
22305 HAMBURG
WWW.HAMBURGER-TAFEL.DE

MAPLE

6 Start-up auf Hanseatisch

Lucius Bunk und Alexander Tebbe schufen die Reederei Auerbach

Die Vorstellung, später einmal mit Schiffen und am Wasser zu arbeiten, fand Alexander Tebbe ja eigentlich immer prima. Der Großvater des gebürtigen Emsländers war schließlich zur See gefahren und hatte erzählt, wie toll es war, die großen Frachter über das Meer zu steuern. Außerdem gab es in Tebbes Elternhaus, dem Opa sei Dank, viele maritime Souvenirs: ein hölzernes Steuerrad zum Beispiel oder eine Schiffsglocke. Die Startvoraussetzungen hätten also kaum besser sein können. Allerdings zerschlug sich diese Idee schnell, als Tebbe 1998 im Alter von 16 Jahren drei Wochen auf einem Frachter verbrachte: »Ich war fürchterlich seekrank und habe die meiste Zeit über dem Klo verbracht.« So kann es gehen.

Doch Schiffe steuern wollte Tebbe trotzdem – und tut es deshalb von Land aus. Gemeinsam mit seinem Freund Lucius Bunk, einem studierten Volkswirten, Philosophen und Sinologen, gründete der Schiffskaufmann 2010 das Hamburger Schifffahrtsunternehmen Auerbach. Tebbe war damals 28 Jahre alt, Bunk gerade einmal 31. Beide sind damit Deutschlands jüngste Reeder – und stechen derzeit mit einer Flotte von drei Frachtschiffen von der Hansestadt aus weltweit in See.

Kennengelernt haben sich beide bei der Hamburger Traditionsreederei Ernst Russ, wo sie sich ein Büro teilten. Ihre Geschäftsidee war nicht nur dort, sondern vor allem beim gemeinsamen Bier entstanden, und mutig und durchgeknallt zugleich. Unüberlegt allerdings nicht, denn Monate der Planung gingen der Firmengründung voraus. Die Ausgangslage war schwierig: Seit dem Zusammenbruch der US-Investmentbank Lehman Brothers im September 2008 herrschte absolute Flaute im Reedereigeschäft, etlichen Gesellschaften drohte der Konkurs. Auf der anderen Seite waren Schiffe so günstig wie selten zuvor. »Alle haben uns abgeraten«, erinnert sich Tebbe, »weil der Markt am Boden lag.« Trotzdem wagten sie es und kratzen ihr Geld zusammen – auch, weil sie sich später nicht die typische ›Was wäre wenn‹-Frage stellen wollten.

Die beiden mieteten ein kleines Büro an der Binnenalster an, direkt neben dem Sitz von Hapag-Lloyd. Und sie erfanden einen Firmen-

Mit solchen Kränen am Hamburger Hafen werden die Frachter beladen

namen. »Wir wollten etwas, was verlässlich klingt, nach hanseatischen Tugenden und den Werten, mit denen die Fußballnationalmannschaft 1954 die Weltmeisterschaft gewonnen hat«, sagt Bunk. Nach längerem Hin und Her sei ihnen ›Auerbach‹ eingefallen, in Anlehnung an die Kellergaststätte in Goethes ›Faust‹. Allerdings brauchten sie noch einen Namensträger als Gesellschafter – und telefonierten deshalb alle Auerbachs ab, die sie im Telefonbuch fanden. »Manche Anrufe haben nur 20 Sekunden gedauert«, erzählt Tebbe. »Es waren schon seltsame Gespräche.« Bei Nummer 25 hatten sie Erfolg. Ein angehender Rentner aus Niedersachsen fand ihre Idee spannend und war bereit, seinen Namen für die Jungreeder herzugeben. Zu dritt saßen sie bei der Vertragsunterzeichnung beim Notar, als dieser Herrn Auerbach plötzlich fragte: »Warum machen Sie das eigentlich?« Während Bunk und Tebbe das Herz in die Hose rutschte, nahm ihr Mitstreiter beide in den Arm und antwortete lachend: »Weil ich schon immer mal 'ne Reederei gründen wollte.«

Ein bisschen Glück war also auch im Spiel – aber vor allem Arbeit. Um ihr erstes Schiff kaufen zu können, klapperten Bunk und Tebbe unzählige Banken ab. Rund zehn Millionen Euro mussten sie aufbringen –

nicht gerade ein Pappenstiel. Erst die elfte Bank sagte sechs Millionen Euro zu. Den Rest sammelten sie bis kurz vor Schluss bei Investoren zusammen. Im März 2011 fiel schließlich bei einer Auktion der Hammer für ihr erstes Schiff. Bunk und Tebbe tauften es ›Maple Ingrid‹. Der erste Teil des Namens, zu Deutsch ›Ahorn‹, hat einen tieferen Sinn: Immerhin brauchte die Reederei ein Logo, und da musste etwas Einprägsames her. Die Wahl fiel aufs Ahornblatt, auch wenn das mit dem Reedereigeschäft nicht allzu viel zu tun hat. Woher der Name Ingrid stammt – oder die der beiden anderen Schiffe ›Maple Lotta‹ und ›Maple Lea‹ – verraten die beiden nicht. »Das wird unser letztes Geheimnis bleiben«, lachen sie.

Die Selfmade-Unternehmer stießen bei den alteingesessenen Schifffahrtsunternehmern auf positive Resonanz. »Das durfte man so nicht erwarten«, sagt Tebbe. »Aber wir haben viele gute Ratschläge bekommen. Vielleicht haben sich manche auch an ihre Anfangsjahre erinnert gefühlt.« Von den rund 400 Reedereien in Deutschland haben mehr als 120 ihren Sitz in der Hansestadt – Hamburg ist damit die Reeder-Stadt Nummer eins. Das Büro von ›Auerbach‹ ist mittlerweile in die breite und weitläufige Esplanade gezogen, die Anfang des 19. Jahrhunderts als Prachtstraße nahe der Alster angelegt war. »Uns war von Anfang an klar, dass wir es nur in Hamburg machen«, betont Tebbe. »Der Standort ist alternativlos.« Das liege nicht allein an der internationalen Bekanntheit, sondern auch an den Umgangsformen. Hier gebe es noch den klassischen Typus des hanseatischen Unternehmers und genau das habe ihnen einen großen Teil ihres Weges ermöglicht. »Die meisten Geschäfte wurden mit Handschlag besiegelt«, sagt Tebbe, »Das gibt es heute nur noch in Hamburg.«

AUERBACH SCHIFFFAHRT
ESPLANADE 23
20354 HAMBURG
WWW.AUERBACH-SCHIFFFAHRT.DE

HANSA
THEATER

7 Der glücklichste Empfangschef der Welt

Friederich Engelhardt grüßt im ›Hansa Varieté Theater‹

Es ist die Rolle seines Lebens und sie beginnt jeden Abend mit dem gleichen Satz: »Herzlich willkommen im ›Hansa-Theater‹«, sagt Friederich Engelhardt, wenn die großen Türen zum Steindamm aufschwingen und er in dunkler Livree, mit Krawatte und polierter Anstecknadel am Revers neben dem Eingang steht. Seit 1977 arbeitet er bei der berühmten Varietébühne in St. Georg als Empfangschef und ist damit nicht nur fast der Dienstälteste, sondern auch Teil des Inventars und mindestens guter Geist des ganzen Hauses.

Über Engelhardts kleiner Kammer neben der Garderobe hängt ein altes Schild in goldenem Rahmen: ›Gäste-Dienst, Wünsche und Beschwerden hier‹ lautet die Aufschrift, auf Deutsch, Englisch und Französisch. Allzu oft kommt es aber nicht vor, dass jemand anklopft. Zum einen, weil es nur wenig zu beanstanden gibt, zum anderen, weil Engelhardt ohnehin vor und nach der Vorstellung im Foyer unterwegs ist, um die Gäste zu ihren Plätzen zu geleiten oder zu organisieren, was immer ihr Herz begehrt. »Gutes Benehmen ist Grundvoraussetzung in diesem Betrieb«, sagt Engelhardt nicht ohne Stolz. Denn gutes Benehmen, das hat er – und wahrt es auch, wenn ein Besucher mal nörgelig wird. »Das passiert vor allem, wenn jemand ins ›Hansa-Theater‹ kommt, um seiner Mutter oder seiner Tante einen Gefallen zu tun, aber eigentlich gar keine Lust hat«, sagt Engelhardt schmunzelnd. »Wenn es dann noch regnet und die Schlange an der Garderobe etwas länger ist, gehört es zu meinem Job, alles dafür zu tun, dass dieser Mensch trotzdem einen sehr schönen Abend hat.«

Dabei müsste demjenigen die Meckerei schon im Halse stecken bleiben, wenn er den ersten Schritt ins Theater setzt. Es zu betreten kommt einer Reise in die Vergangenheit gleich, denn seit 1953, der Zeit des letzten großen Umbaus, ist der Stil der Anfangsjahre vollständig erhalten worden: Der Teppich ist weich und rot, das Messing an den Treppengeländern glänzt, die Kronleuchter

Das Schild über der kleinen Kammer von Friederich Engelhardt

funkeln, die großen Spiegel an den Wänden sind blank geputzt. ›Damen bitte Hüte abgeben‹ ist auf einem Schild an der Garderobe zu lesen, das noch aus der Zeit stammt, als Frauen große Kopfbedeckungen trugen, die im Theater ihren Hintermännern die Sicht versperrt hätten. Und erst der Saal: Alle 491 Sessel sind dunkelrot gepolstert, das Gestell in glänzendem Schwarz lackiert. Auf den schmalen Tischen vor jeder Stuhlreihe sorgen kleine Lampenschirme für dezente Helligkeit, denn im ›Hansa Varieté Theater‹ wird während der Vorstellung getrunken und gern auch eine Kleinigkeit gegessen – vor allem Kuchen oder belegte Brote. Und wem es an etwas fehlt, der drückt kurz den kleinen Schalter auf seiner Tischplatte nach rechts. Schon eilt ein Kellner herbei, um die nächste Bestellung aufzunehmen.

Das ›Hansa Varieté Theater‹ kann auf eine lange Geschichte zurückblicken. Bereits 1894 wurde es von Brauereibesitzer Paul Wilhelm Grell aus Schleswig-Holstein hier im alten ›Hansa-Concert-Saal‹ in unmittelbarer Nähe zum Hamburger Hauptbahnhof eröffnet. Keine Geringere als die amerikanisch-französische Sängerin und Tänzerin Josephine Baker trat in der Anfangszeit des Theaters auf, außerdem Künstler wie Hans Albers, der Kabarettist Wilhelm Bendow oder der ›Hamburger Buttje‹, Sänger Charly Wittong. Etwas später, schon zu Engelhardts Zeiten, begannen die Zauberer Siegfried und Roy im Varieté in St. Georg ihre Karriere, bevor sie mit ihren weißen Tigern die Bühnen von Las Vegas eroberten. Ihre Großkatzen hatten sie damals noch nicht im Repertoire. »Dafür hatten wir aber viele andere Tiere auf der Bühne«, erzählt Engelhardt. »Elefanten oder Affen zum Beispiel waren keine Seltenheit.« Bis heute ist das Theater im Besitz der Familie Grell, mittlerweile in vierter Generation.

Dass Friederich Engelhardt Ende der 70er-Jahre als junger Mann in diesen Tempel von Tanz und Vergnügen gelangte, verdankt er einem pfiffigen Beamten des Arbeitsamtes. Der 1942 geborene Engelhardt hatte seinerzeit diverse Hamburger Gastronomiebetriebe gemanagt – jedoch nur so lange, bis deren Inhaber Insolvenz anmelden musste. »Es galt damals die Regel, dass man vom Arbeitsamt nur in eine Position vermittelt werden durfte, die der vorhergehenden entsprach. Es musste also ein Manager-Posten werden, doch das war in jener Zeit schwer zu machen.« Also hatte ihm der Beamte mit einer verschwiegenen Geste eine Karte über den Tisch geschoben, auf der zu lesen war, dass das ›Hansa Varieté Theater‹ Kellner suchte. »Am 8. Februar 1977 habe ich hier angefangen. Ein einschneidender Tag, an den ich mich heute noch ganz genau erinnere«, schwärmt Engelhardt. »Als ich das Haus betreten habe, bin ich in eine andere Welt eingetaucht. Ich habe sofort gewusst: Das ist ein Glücksfall, den man nur einmal im Leben hat.« Binnen zwei Monaten arbeitete er sich vom Kellner zum Empfangschef hoch.

Seit Beginn pflegt Engelhardt ein Gästebuch, in das sich alle prominenten Gäste aus der ganzen Welt eingetragen haben und das er in seiner kleinen Kammer neben der Garderobe aufbewahrt. ›Danke, es war fantastisch‹, hinterließ der Komiker Otto Waalkes am 26. Februar 1982 dort nebst einem kleinen Ottifanten. Poetisch angehauchte Zeilen schrieben am 29. Oktober 2009 Siegfried und Roy: ›O Du Heimat-Flur / laß zu Deinem heilgen Ort / mich noch einmal nur / entfliehen im Traum / von Hamburg / und das Hansa Theater hat unseren Traum erfüllt‹. Für Engelhardt unvergesslich ist auch der Besuch von Juri Breschnew, dem Sohn von Leonid Iljitsch Breschnew, der 18 Jahre Chef der kommunistischen Par-

Komiker Otto Waalkes hat sich ebenfalls im Gästebuch des ›Hansa Varieté Theaters‹ verewigt

tei in der Sowjetunion gewesen war. Juri Breschnew, seines Zeichens stellvertretender Außenminister, war am 7. März 1978 nach St. Georg zu einer Vorstellung gekommen. »Und auf einmal ist ein Scheinwerfer mit einem furchtbar lauten Knall explodiert«, erinnert sich Engelhardt. »Sofort haben die Sicherheitsleute von Breschnew nervös ihre Kanonen aus den Jacken gezogen. Das war ein riesiger Schreck.« Heute kann er darüber lachen – damals musste er das aufgebrachte Publikum beruhigen, damit die Show weitergehen konnte. Einen Eintrag im Gästebuch hat Breschnew dennoch hinterlassen. Allerdings auf Kyrillisch.

Das Glück, das Friederich Engelhardt im ›Hansa Varieté Theater‹ gefunden hatte, zerbrach jedoch am 31. Dezember 2001. Nicht zuletzt durch den Steindamm, der mit den Jahren durch Drogenhandel und Prostitution einen miserablen Ruf bekommen hatte, schwanden die Zuschauer. Das Varieté musste schließen. Engelhardt hält nicht damit hinterm Berg, wie sehr ihn das damals traf: »Das war ein tränenreicher Abschied«, sagt er und bekommt noch heute feuchte Augen, wenn er an diesen Tag denkt. Dass es lediglich ein Abschied auf Zeit werden sollte, konnte Engelhardt nicht ahnen. Im Jahr 2008 beschlossen zwei Herren namens Thomas Collien und Ulrich Waller, Geschäftsführer und künstlerischer Leiter des nicht weniger traditionsreichen ›St. Pauli Theaters‹, die Türen in St. Georg wieder zu öffnen – zumindest für eine Spieldauer von vier Monaten pro Jahr, von Ende Oktober bis Ende Februar. Als das ›Hansa Varieté Theater‹ im Januar 2009 nach sieben Jahre Pause den Neustart wagte, war dies nichts weniger als das Comeback einer Hamburger Legende. Das galt für die Bühne ebenso wie für Engelhardt, der – ohne eine Sekunde zu überlegen – wieder auf seinen alten Posten zurückkehrte.

Bis zum heutigen Tag steht am Steindamm hochkarätige Varieté-Kunst auf dem Programm – allerdings ohne Tiere. »Das wird heute ja nicht mehr so gern gesehen«, sagt Engelhardt. Und noch ein wenig mehr hat sich verändert, auch wenn das Interieur weiter seinen alten Charme bewahrt. »Früher sind unsere Gäste in feinster Abendgarderobe gekommen«, sagt Engelhardt, »und heute tragen sie auch mal Jeans.« Jeder aber, der nach einer Show das Theater verlässt, wird wie eh und je mit einem Spruch verabschiedet, der über den alten Schwingtüren an der Decke steht: ›Möge dieser Eingang der Ausgang für zufriedene Gäste sein‹. Für Friederich Engelhardt ist es in jedem Fall der Ausgang für den wohl zufriedensten Empfangschef der Welt.

HANSA VARIETÉ THEATER
STEINDAMM 17
20099 HAMBURG
WWW.HANSA-THEATER.DE

8 Die Hafenarbeiterin

Melanie Leonhard bittet aufs Museumsschiff ›Rickmer Rickmers‹

Als Melanie Leonhard zum ersten Mal an Bord der ›Rickmer Rickmers‹ ging, war sie zwölf Jahre alt. Sie kann sich noch gut an diesen Tag erinnern, ihre Tante aus Süddeutschland war zu Besuch und die Familie wollte ihr etwas zeigen, was ganz typisch für die Hansestadt ist. Auf kaum einen anderen Ort in Hamburg trifft das so sehr zu wie auf den imposanten grün-glänzenden Dreimaster im Hafen. Er gehört zu den beliebtesten Postkarten- und Fotomotiven und wird jedes Jahr von mehr als 130.000 Menschen besichtigt. »Es war bei mir also wie wohl bei den allermeisten Hamburgern«, sagt Leonhard lachend. Aus eigener Erfahrung weiß sie mittlerweile, dass für viele Hansestädter erst Gäste von außerhalb ein guter Grund sind, sich eine der berühmtesten Sehenswürdigkeiten auch mal von Nahem anzusehen. Im Alltag machen die Einheimischen eher einen Bogen um Touristenmagnete und vor allem um die Menschenansammlungen davor.

Leonhard geht heute fast täglich an Bord der ›Rickmer Rickmers‹, denn seit 2010 leitet sie ehrenamtlich den musealen Teil des Schiffs. Dass Besucher an Deck und im Bauch des Seglers viel über dessen Geschichte erfahren können, ist auch ihr zu verdanken. Nach ihrem Studium an der Hamburger Universität hat sie über die traditionsreiche Reeder- und Schiffbauerfamilie Rickmers promoviert und aus Ansammlungen bis dato unsortierter Dokumente und Seefahrerdevotionalien ein Archiv aufgebaut. »Monatelang habe ich dafür in einem Reich aus Kartons, Kisten und alten Seetruhen gelebt«, erzählt sie. Drei Jahre habe die ganze Arbeit gedauert.

Melanie Leonhard ist mit dem Hafen groß geworden. Sie wurde 1977 geboren, und zwar südlich der Elbe, in Wilhelmsburg. Dorthin verirren sich Ortsfremde nur selten; auf vielen gängigen Touristenkarten vom Hamburger Gebiet ist dieser Stadtteil schon gar nicht mehr verzeichnet. Zu Unrecht, wie Leonhard findet, denn sie liebt ihr Viertel seit Kindertagen. »Wenn ich mal weg bin,

Auch eine alte Schiffsglocke ist im Bauch des alten Dreimasters zu sehen

bekomme ich sehr, sehr schnell Heimweh«, sagt sie. In Wilhelmsburg lernte sie bereits in frühen Jahren, was das Leben an der Elbe bedeutet. Aus ihrem Kinderzimmerfenster blickte sie auf ein sogenanntes Spülfeld, auf das ausgebaggerter Schlick aus der Fahrrinne des Flusses gespült und dort getrocknet wird. Ihr Vater arbeitete bei einem Mineralölunternehmen mit direkter Wasserlage. »Sobald es viel geregnet hat oder eine Sturmflutwarnung ausgerufen wurde, musste er auch nachts raus, um die Anlage zu sichern«, erzählt Leonhard. Noch heute lebt sie mit ihrem Mann in Harburg. »Ich habe es in meinem Leben also noch nicht einmal über die Elbe geschafft«, sagt sie augenzwinkernd.

Eine viel weitere Reise hat die ›Rickmer Rickmers‹ hinter sich, wie Melanie Leonhard durch die vielen Stunden auf dem Schiff erzählen kann: Im Jahr 1896 wurde der Dreimaster in der firmeneigenen Werft in Bremerhaven gebaut. Sein Ziel war damals Asien, aus Thailand brachte er Reis und Bambus nach Deutschland. In den Folgejahren wechselte das Schiff mehrfach Besitzer und Namen – und transportierte deshalb auch immer wieder anderes Frachtgut zu immer wieder anderen Orten auf der Welt in ihrem 97 Meter langen und 12,20 Meter breiten Rumpf: Unter dem Namen ›Max‹ segelte sie nach Chile, als ›Flores‹ trug sie Proviant für die Azoren über die Meere, der portugiesischen Marine diente sie schließlich als Segelschulschiff, zu dieser Zeit ›Sagres‹ getauft.

Fahrtüchtig ist die ›Rickmer Rickmers‹ heute nicht mehr. 1983 wurde sie nach Hamburg geschleppt, generalüberholt und liegt seit 1987 als Museumsschiff an den Landungsbrücken. Finanziert wird es von der ›Rickmer Rickmers‹-Stiftung des Vereins ›Windjammer für Hamburg‹ – und das erfolgreich: Der Dreimaster gehört zu den meistbesuchten privaten Museen der Stadt. Auch viele Schulklassen kommen hierher, die Melanie Leonhard oft selbst durch die Ausstellung führt. Zu entdecken gibt es an Bord viel: Bilder und Erinnerungen an das Leben unter Deck oder historische nautische Instrumente. Wer will, kann sich im Knüpfen von Seemannsknoten versuchen.

Für Leonhard, die seit Februar 2011 zudem als Abgeordnete der SPD im Hamburgischen Parlament, der Bürgerschaft sitzt, ist die Arbeit mit und auf der ›Rickmer Rickmers‹ ein Traumjob. »Ich fand Schiffe einfach schon seit eh und je faszinierend«, sagt sie. Auch auf der ›Cap San Diego‹, dem zweiten wichtigen Museumsschiff an den Landungsbrücken, war sie »bestimmt schon 20 Mal«. Für Leonhard steht deshalb außer Frage, die Hansestadt jemals zu verlassen. Es gilt: Einmal Hamburgerin, immer Hamburgerin. »Am Hafen zu arbeiten, ist doch das schönste Geschenk, das man bekommen kann. Das will ich gegen nichts eintauschen.«

MUSEUMSSCHIFF ›RICKMER RICKMERS‹
PONTON 1A
20359 HAMBURG
WWW.RICKMER-RICKMERS.DE

9

Mettbrötchen um Mitternacht

Stefan Wilms serviert Deftiges in ›Erika's Eck‹

Wenn sich die leeren Taxis in der Sternstraße stauen und die hungrigen Nachtschwärmer vor dem grauen Eckhaus mit der Nummer 98 Schlange stehen, dann weiß man, es ist im Hamburger Schanzenviertel nach Mitternacht.

Denn jeden Tag ab 24 Uhr serviert das Team von Wirt Stefan Wilms genau das Essen, das sein Restaurant ›Erika's Eck‹ in den vergangenen Jahrzehnten berühmt gemacht hat: belegte Brötchen, das Stück für einen Euro. Am beliebtesten sind Zwiebelmett und Roastbeef, doch auch darüber hinaus ist die Auswahl riesig: Schinken, Salami, mehrere Sorten Käse, Rührei oder Fleischsalat sind nur ein kleiner Teil des zu wählenden Belags. Und alle wollen die Brötchen haben: nüchterne und nicht mehr ganz so nüchterne Partygänger, von denen es hier viele gibt, Gastronomen, die ihre eigenen Lokale gerade geschlossen haben, alle die arbeiten mussten und jetzt zu später Stunde in ihren Feierabend gehen. Und die, die beruflich grundsätzlich nachts unterwegs sind: Taxifahrer, Notärzte, Polizisten, Abschleppdienste. »Die kommen her und hauen sich den Bauch voll«, lacht Stefan Wilms. Seit 2003 ist er Inhaber des Restaurants mit den wohl kuriosesten Öffnungszeiten Deutschlands: 17 Uhr bis 14 Uhr am nächsten Tag. Während die belegten Brötchen und Frühstück jeden Tag ab Mitternacht angeboten werden, gibt es warme Küche durchgehend.

›Erika's Eck‹ ist in der Schanze eine Institution. Das Lokal existiert seit mehr als 40 Jahren. Anfangs war es eine der traditionellen Schlachterkneipen im Viertel, denn nur wenige Meter Luftlinie entfernt liegt das riesige Gelände des Hamburger Fleischgroßmarktes, der lange ein richtiger Schlachthof war. »Schon früher gab es bei uns vollwertige Hausmannskost für nie mehr als fünf Mark«, sagt Wilms. Das mochten die Schlachthofmitarbeiter. »Wenn sie kamen, haben sie sich an den zwei Stufen zur Eingangstür die Fleischfetzen von den Stiefeln gekratzt. Dann haben sie gegessen und sich einen angetrunken – und sind mit dem Taxi nach Hause gefahren.« Den Schlachthof gibt es

Der Gastraum von ›Erika's Eck‹: dunkles Holz, ausgesuchte Dekoration

bereits seit Mitte des 19. Jahrhunderts. Alte Schwarz-Weiß-Bilder in ›Erika's Eck‹ erzählen davon. Damals lag noch schweres Kopfsteinpflaster auf der Sternstraße – heute ist sie asphaltiert.

Zu den Anfängen muss man auch zurück, um zu der Frau zu kommen, die dem Lokal ihren Namen gab. Es war eine gewisse Erika Holstein, die den Laden gemeinsam mit ihrem Mann Jürgen führte. Das Ehepaar war wiederum mit den Eltern von Stefan Wilms befreundet, die das Restaurant später übernahmen – und dann an ihren 1967 geborenen Sohn Stefan weitergaben. Groß geworden ist der heutige Wirt allerdings nicht hier im Schanzenviertel, sondern als Kind einer Schausteller-Familie. Seine Mutter hatte einen Wagen mit Dosenwerfen und eine Naschbude, in der sie gebrannte Mandeln verkaufte. Und so zog die Familie gemeinsam durch Norddeutschland. »Auf dem Hamburger Dom haben wir immer gleich neben dem Riesenrad gestanden«, erzählt Wilms. Ein typisches Schaustellerkind würde er sich selbst aber nicht nennen. »Immerhin habe ich einen Abschluss und zwei Lehren absolviert. Das ist in der Branche eher eine Seltenheit.«

Als Wilms als junger Mann bei ›Erika's Eck‹ einstieg, hatte er bereits seine erste Ausbildung als Heizungsbauer hinter sich – und wurde zunächst in die Küche geschickt. »Ich musste Brötchen schmieren, ein halbes Jahr lang«, sagt er, »um es richtig zu lernen.« Gibt es denn dabei so viel zu beachten? »Oh ja. Wenn Sie das professionell machen wollen, müssen die Brötchen schnell und immer gleich gerade geschnitten und mit der richtigen Menge belegt werden.« Noch besser versteht man, was er meint, wenn man sich die Anzahl der Brötchen vor Augen führt, die pro Nacht in der Schanze verkauft werden: Je nach Wochentag gehen zwischen 300 und 800 Portionen über den Ladentisch. Dazu kommen Außer-Haus-Bestellungen. Dann müssen mal eben 500 Mettbrötchen mitten in der Nacht zu einer Party geliefert werden. Ohne Effizienz geht da nichts. Weil Brötchenschmieren allerdings die eine Sache, jede Nacht auch noch warme Gerichte zuzubereiten die andere Sache ist, absolvierte Wilms eine zweite Ausbildung zum Koch. »Ich dachte bis dahin eigentlich immer, ich kann ganz passabel kochen. Schon am Anfang der Lehre merkte ich: Ich konnte es nicht«, lacht er.

Veränderungen hat es über die Jahrzehnte in der Sternstraße 98 kaum gegeben, die gesamte Einrichtung ist noch heute so, wie sie immer war: holzvertäfelte Wände, Sitzbänke mit rotem Bezug und Stühle aus dunklem Holz, die Bar, der Glastresen für die Brötchen und viele Accessoires mit Geschichte an der Wand. Dazu zählen die alten Schlachthoffotos ebenso wie alte hölzerne Galionsfiguren, die Wilms eines Tages auf dem Flohmarkt erstanden hat. »Ich würde hier nie etwas verändern«, betont er. »Das haben die Gäste auch schon oft gesagt und deshalb lasse ich alles so, wie es ist.« Bei dem einzigen Spielautomaten ist der Platz des sogenannten Taxifahrerstammtischs, an dem sich früher die Schlachter getroffen haben. »Auf der Straße stehen dann manchmal mehr als 15 Taxen, weil die Fahrer hier bei uns

Die Galionsfiguren hat Stefan Wilms auf dem Flohmarkt erstanden

Pause machen«, erklärt Wilms. Er hat extra Schilder für die Männer anfertigen lassen, die sie hinter die Windschutzscheibe ihrer Autos klemmen können, falls sie jemandem aus Versehen den Weg auf der engen Sternstraße versperren: ›Bitte bei Erika's Eck melden‹.

Allein eine kleine Neuerung hat es gegeben: Den zweiten, kleineren Gastraum hat Wilms nach der entsprechenden Gesetzgebung mit einer Glastür zum Raucherraum umfunktioniert. Das hat sich aber als unpraktisch erwiesen, deswegen ist jetzt doch das ganze Lokal rauchfreie Zone. »Früher stand der Qualm hier manchmal so dicht, dass man ihn mit einer Schere hätte durchschneiden können«, sagt Wilms, der selbst für eine Zigarettenpause vor die Ladentür geht.

Noch heute gibt es in der Sternstraße das Mittagessen für unter fünf Euro. Mit Salat und Dessert zahlt man 7,90 Euro. Außer Brötchen wird Hausmannskost serviert, sein Fleisch kauft Wilms im Großmarkt nebenan. Die meisten Gäste bevorzugen das 250 Gramm schwere, selbst gemachte Schnitzel mit Bratkartoffeln oder Pommes – das würde Wilms auch dem Hamburg-Touristen empfehlen. In der Speisekarte ist die Geschichte des Schnitzels nachzulesen, das es hier in vielerlei Variationen gibt: Bis 1514, so steht es geschrieben, wurden die panierten Fleischfladen garniert mit Blattgold serviert. Bei Wilms würde das nie passieren, bei ihm gibt es ehrliches Essen zu ehrlichen Preisen. »Sehr gut läuft auch unser Roastbeef mit Remoulade, vor allem, weil wir die Remoulade nach altem Rezept selbst herstellen.« Chichi ist ihm fremd. Wo der Latte Macchiato im angesagten Café um die Ecke 3,50 Euro kostet, gibt es die Tasse Kaffee hier noch für 1,10 Euro. Dafür aber neun verschiedene Sorten Bier. Wer abends hier essen gehen möchte, sollte deshalb auch besser reservieren. Gerade am Wochenende sind in ›Erika's Eck‹ oft alle Tische besetzt.

Auch viele Promis haben sich schon in dem Kultlokal blicken lassen, darunter Heinz Hönig, Udo Lindenberg oder Otto Waalkes. Sonst kommen Wilms Gäste von überall aus Hamburg, aus allen Stadtteilen und Schichten – und natürlich gibt es die vielen nächtlichen Stammgäste. »Wir haben sogar einen kleinen Fanklub in England«, lacht der Wirt. »Eine Gruppe Musiker kommt jedes Mal hierher zum Essen, wenn sie in Hamburg einen Auftritt hat.« Wilms selbst ist meistens ab 17 Uhr im Laden und verlässt ihn irgendwann nachts, nachdem er die Geschäfte seinem Team übergeben hat. 18 Angestellte hat er, die in drei Schichten für ihn arbeiten. Wenn er abschalten will, fährt der Gastronom mit seinem Auto auf die Südseite der Elbe, macht das Radio an, legt sich auf die Motorhaube und betrachtet das Wasser. Der Hochbetrieb bei ›Erika's Eck‹ ist dann für einen Moment ganz weit weg. Aber eben nur für einen Moment.

Bei gerade einmal drei Stunden Ruhepause pro Tag ist in seinem Lokal ständig was los. Nur an den Wochenenden wird es etwas ruhiger, wenn ›Erika's Eck‹ bereits morgens um 9 Uhr schließt. Die Mettbrötchen sind dann ohnehin abverkauft und die meisten Nachtschwärmer im Bett. Wilms kennt seine Kundschaft schließlich schon seit Jahren – und es sollen noch viele folgen, wenn es nach dem Gastronom geht: »In dem Laden hier steckt mein Herzblut.«

ERIKA'S ECK
STERNSTRASSE 98
20357 HAMBURG
WWW.ERIKAS-ECK.DE

INS
INS
2230
IN

10 Kunst ist wichtig für die Stadt

Amelie Deuflhard ist Intendantin auf ›Kampnagel‹

Zwischen Barmbek und Winterhude, auf dem Gelände einer alten Kranfabrik, liegt ›Kampnagel‹. Der verwunschene, mit Bäumen überwucherter Osterbekkanal schlängelt sich hinter den Gebäuden mit ihrem industriellem Charme entlang, dazwischen gibt es viel Grün und neuerdings sogar einen kleinen Garten mit Kräuterbeet und Platz für einen Grill.

›Kampnagel‹ gibt es seit 1982 und ist mittlerweile vieles: Deutschlands größte freie Spiel- und Produktionsstätte, eine der international bedeutendsten Bühnen für darstellende Künste, Kulturzentrum. Es gibt sechs Bühnen, ein Kino, neun Proberäume und ein Restaurant. Das Programm ist entsprechend groß und reicht von Theater und Tanz über Performances, Musik, Kunst, Architektur bis hin zu Tagungen. Pro Spielzeit werden rund 100 Premieren, Uraufführungen und Events präsentiert. Dass das so ist, ist auch Amelie Deuflhard zu verdanken. Seit 2007 ist die gebürtige Stuttgarterin Intendantin auf ›Kampnagel‹.

Nina Paulsen: Frau Deuflhard, Sie haben einmal in einem Interview gesagt, ›Kampnagel‹ habe Ihr Leben verändert. Inwiefern?

Amelie Deuflhard: Einerseits hat sich privat viel verändert. Ich bin von Berlin nach Hamburg gegangen und habe zwei meiner Kinder, die schon groß waren, aber damals noch zur Schule gegangen sind, in der Hauptstadt gelassen. Das ging ganz gut, weil beide Städte recht nah beieinander liegen. Andererseits hat mich ›Kampnagel‹ anfangs überrascht, weil es nicht die freien und flexiblen Strukturen besaß, die ich erwartet hatte und die ich vorher gewohnt war. Es war ein bisschen so, als würde ich plötzlich ein eingesessenes Stadttheater leiten, also eine Institution mit klaren Regeln und Vorgaben – nur, dass weniger Geld zur Verfügung stand. *(lacht)* Ich musste erst lernen, damit umzugehen und es gelang mir Schritt für Schritt, eingefahrene Strukturen in meinem Sinne zu lockern. Das waren fruchtbare Jahre, in denen ich viel gelernt habe.

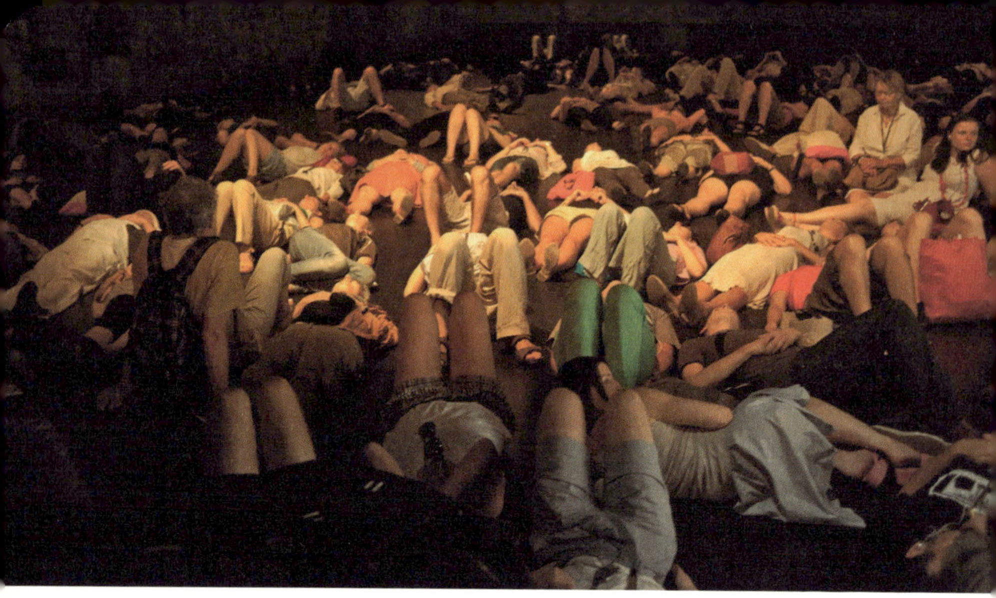

Die Performance ›Lob des Stillstands‹ von Ligna, uraufgeführt 2012

Was macht man in Ihrem Job als Intendantin einer Stätte wie ›Kampnagel‹ genau?

Ein Teil ist die tägliche Arbeit, die aus Terminen mit den unterschiedlichsten Leuten besteht, zum Beispiel mit Journalisten, Geldgebern, Kuratoren, Künstlern oder Politikern. Und natürlich mit meinen Leuten hier, den Dramaturgen, dem Marketingexperten und so weiter. Dazu reise ich relativ viel. Im Sommer geht es zu den Theaterfestivals auf der ganzen Welt, im Winter gucke ich mir eher einzelne Theatervorstellungen in Deutschland und Europa an und natürlich betreue ich möglichst alle Premieren vor Ort. Ich war in letzter Zeit in Abidjan, Burkina Faso, Marrakesch und Tunis, weil wir 2014 einen Afrika-Schwerpunkt haben. Das ist unglaublich spannend. Wenn ich die Länder nicht kenne, lese ich mich ein, recherchiere und versuche dann vor Ort, neben der Kunst möglichst viel von den sozialen und gesellschaftlichen Realitäten dort mitzubekommen. Das sind faszinierende Crashkurse.

Wer kommt heute nach ›Kampnagel‹?

Einen großen Teil unserer Besucher macht ein kunstaffines, progressives Bürgertum aus. Außerdem kommen viele Studenten und kunstinteressierte Leute. Und dann viele Menschen zwischen 30 und 80 Jahren, die neugierig sind auf das, was sie nicht kennen und sich herausfordern und überraschen lassen wollen.

Sie kommen ursprünglich aus Stuttgart. Haben Sie sich schon in Ihrer Heimat fürs Theater und die Kunst begeistert?

Ja, sehr früh. Das lag vor allem an Claus Peymann, der in Stuttgart am Theater war und mit seiner revolutionären Art das Bürgertum so verschreckt hat, dass alle ihre Abos gekündigt haben. Ich war damals im Gymnasium, fand die Empörung meiner Eltern interessant und habe mit ein paar Freunden Theaterbesuche organisiert. Wir sind extrem oft zu den Vorstellungen dort gegangen, bestimmt zwei Mal in der Woche. Wir kannten alles und haben uns alle Stücke angeguckt, einige sogar mehrfach. Ich habe heute noch viele Bilder von den Inszenierungen dort im Kopf, von ›Faust‹, den ›Räubern‹ oder von ›Frühlings Erwachen‹. Das war eine ganz wichtige Theaterzeit für mich. Es wundert mich immer noch, dass ich danach nicht Theater studiert habe.

Warum taten Sie es nicht?

Ich kam einfach nicht auf die Idee, dass ich das Theater zum Beruf hätte machen können.

Also ist es ein klassisches geisteswissenschaftliches Studium geworden.

Genau. Romanistik, Geschichte und Kulturwissenschaft. Ich war aber auch ein Jahr in Montpellier in Frankreich und habe Seminare zu Film und Theater belegt. Danach habe ich zwei Jahre im Landesmuseum für Technik und Arbeit in Mannheim gearbeitet und mich mit den sozialen Auswirkungen von technischen Entwicklungen beschäftigt. Das war sehr interessant. Als ich schwanger wurde, bin ich mit meinem damaligen Mann nach Berlin gegangen und habe in den folgenden fünf Jahren meine vier Kinder bekommen.

Lassen sich Kinder und Kultur leicht unter einen Hut bringen?

Vier Kinder bedeuten ein umfangreiches Programm und die Karriere stand erst einmal hinten an. Als die Jüngste aus den Windeln war, habe ich entschieden, das zu tun, worauf ich wirklich Lust hatte und war drauf und dran, ein Aufbaustudium im Kulturmanagement zu starten.

Doch da bekam ich per Zufall meinen ersten Job bei einem Theaterprojekt im Berliner Postfuhramt. Danach ging es einfach weiter.

Und so sind Sie zur Leitung der Berliner ›Sophiensaele‹ gekommen, einer Theaterspielstätte ohne festes Ensemble, ähnlich wie ›Kampnagel‹.

Ja, meine Kinder waren da noch sehr klein und ich dachte zuerst, dass das zeitlich eigentlich nicht zu machen ist und vielleicht auch eine Nummer zu groß für mich. Ich habe es dann aber trotzdem gemacht. *(lacht)* Ich hatte einfach riesiges Glück, zur richtigen Zeit am richtigen Ort zu sein. Mit Kunst und Künstlern zu arbeiten gibt wahnsinnig viel Energie, weil man jeden Tag mit neuen spannenden Ideen konfrontiert wird. Meine Freunde in Süddeutschland haben das gar nicht verstanden, dass ich so viel arbeite trotz meiner Kinder.

Jedes Jahr findet auf Kampnagel das ›Art Festival‹ statt: Tanz, Theater und Musik in experimentellen Spielarten

2007 kamen Sie schließlich als Intendantin nach ›Kampnagel‹. Wie lange hat es gedauert, bis Sie mit Hamburg warm geworden sind?

Mit Hamburg und mir lief es von Anfang an gut. Meine künstlerische Strategie war schon immer eine Öffnung und Vernetzung in die Stadt und die Absicht, Kunst und Theater nicht nur für eine kleine Teilgruppe zu machen, sondern für möglichst viele Menschen. Mit ›Kampnagel‹ ist das allerdings ein ziemlicher Spagat. Wir wollen hier keinen Mainstream machen und trotzdem unsere Räume füllen, der größte Saal fasst immerhin 850 Menschen. Das ist die Herausforderung. Aber die Hamburger schätzen diesen Weg und nehmen ihn an. So habe ich mich auch persönlich schnell mit der Stadt angefreundet und nach kurzer Zeit heimisch und gut vernetzt gefühlt – und zwar mit vielen verschiedenen Menschen und nicht nur mit der Kunstszene.

Mögen Sie Hamburg als Ort zum Leben?

Ja, sehr! Ich mag zum einen das viele Wasser, die Alster und die Elbe. Ich selbst lebe in Eppendorf in der Nähe vom Holthusenbad. Eigentlich will ich da drei Mal in der Woche schwimmen gehen, aber das schaffe ich eher selten. *(lacht)* Sehr interessant finde ich das bestehende Kulturbürgertum in der Stadt. Das sind Menschen, die sich für Kunst interessieren, mehrfach pro Woche in Veranstaltungen gehen und sich verantwortlich für *ihre* Stadt fühlen.

Was hat sich seit Ihrem Amtsantritt verändert?

Wir haben mit Musik eine weitere Sparte in unser Programm aufgenommen – und zwar auch Popmusik. Das gab es früher nicht. Früher fanden alle, dass es auf ›Kampnagel‹ meist schwieriges Programm gibt, und von diesem Image des Schwierigen wollten wir weg. Unser Anliegen ist es, Pop und Avantgarde zu verknüpfen und das Theater für möglichst viele unterschiedliche Menschen zu öffnen.

Ärgert es Sie, dass etwa ein Mario Barth die Stadien füllt?

Nein. Mich freut vor allem, dass wir jetzt 170.000 Zuschauer im Jahr haben und damit so viele wie ein gut laufendes Stadttheater. Uns ist es gelungen, eine andere Art von Theater für die ganze Stadt zu schaffen, und gehören damit in Hamburg mit dem ›Schauspielhaus‹ und dem ›Thalia Theater‹ mittlerweile zu den bedeutenden Bühnen der Hochkultur in Hamburg. Wir arbeiten jetzt an der Popularisierung der Avantgarde, aber nicht im Sinne von Vereinfachung, sondern in dem Sinne, dass wir möglichst viele Leute neugierig machen, Neues und bisher Ungewohntes auszuprobieren.

KAMPNAGEL HAMBURG
JARRESTRASSE 20
22303 HAMBURG
WWW.KAMPNAGEL.DE

Zerstörer-
-Hambur
F 220
Achtern

11 Ein maritimer Jäger und Sammler

Horst A. Lange grüßt Schiffe an der Überseebrücke

Wer bei Horst A. Lange klingelt, macht zunächst Bekanntschaft mit seiner Frau. »Mein Mann ist im Keller«, sagt sie sehr freundlich. Mit der Hand deutet sie eine schmale Treppe hinunter, die unter das gelbe Reihenhaus in Hamburg-Rahlstedt führt, dahinter geht es nach links, einen Gang entlang und noch einmal nach links – dann ist man da. In der Schatzkammer von Horst Lange, Stabsfeldwebel a. D., Schiffspostsammler, Besitzer eines wohl einzigartigen, privaten maritimen Museums.

Seit 1975 trägt er in seinem unterirdischen Hobbyraum so ziemlich alles zusammen, was mit militärischer Seefahrt zu tun hat: Glocken, Funkgeräte, Kapitänshüte, Flaggen, Wimpel und Wappen, Schnapsgläser, Wandteller, Modelle, Verbandsabzeichen. Außerdem gibt es einen Kugelfisch. Die Wände hängen voll, ebenso die niedrige Decke, und überall, wo ein wenig Platz ist, stehen mit maritimen Utensilien bepackte Vitrinen. Und dann ist da das Herz von Langes Sammlung: Zwei große, mannshohe Schränke.

»Soll ich Sie mal schocken?«, fragt er grinsend. Bitte! Er öffnet die Türen. Von unten bis oben stehen da Aktenordner in den Fächern, insgesamt mehr als 200 Stück. Ordentlich abgeheftet und katalogisiert findet sich darin Langes größter Schatz: Schiffspost. Das sind Briefe, die von Bord verschickt werden und jeweils einen einzigartigen, oft kunstvoll gearbeiteten Stempel tragen. Dabei ist es nicht nur so, dass jedes Schiff sein eigenes charakteristisches Symbol hat – es gibt auch Sonderformen und -motive, wenn es auf spezielle Reisen und Manöver geht. Vor allem hat es Lange auf Stempel von Schiffen abgesehen, die den Namen ›Hamburg‹ tragen oder trugen, er kennt mehr als 100 davon. Insgesamt hat er schon 20.000 Schiffspostbriefe gesammelt.

So einen Stempel zu bekommen, vor allem die Raritäten, ist allerdings gar nicht so einfach. Langes Weg führt ihn dafür oft zur Überseebrücke am Hafen, nicht weit entfernt von der U-Bahn-Haltestelle am Baumwall. 1927 wurde der Anleger gebaut, musste jedoch nach der Zerstörung im Zweiten Weltkrieg neu errichtet werden. Wo früher die großen Dampfer nach Amerika abfuhren, machen heute neben dem

Schiffspost mit dem Stempel der Fregatte ›Hamburg‹ von 2006

Museumsschiff ›Cap San Diego‹ Marineboote aus Deutschland und aller Welt fest. Vom Land zum Wasser führt ein mehr als 100 Meter langer, überdachter Übergang.

Der Schiffspostsammler kommt hierher, um *seine* »graue Dampferkompanie« zu besuchen, wie er die Militärflotte nennt. Hier gibt er dann Briefe zum Verschicken ab und sammelt Informationen darüber, welches Schiff gerade wo unterwegs ist – und um neue Stücke für sein Kellermuseum abzustauben. Dafür hat er immer einen Koffer mit begehrter Tauschware dabei. Wenn es gut läuft an Bord, verbringt er dort den Abend bei einem oder zwei Gläsern Bier. Die Überseebrücke ist Langes Lieblingsort in der Stadt. Und er kommt auch, wenn es regnet, stürmt oder schneit. »Was hat das Wetter schon mit meinem Hobby zu tun?«, fragt er mit gespielter Empörung.

Langes Begeisterung für alles Militärische fing früh an. Nach der Schule meldete er sich 1956 als Freiwilliger bei der Bundeswehr, diente fast 20 Jahre bei den Panzerbataillonen 5 und 144 in Koblenz. 1975 kam er zurück in die Hansestadt – mit einem Wappen aus seiner alten Einheit am Rhein in der Hand, das noch heute in Langes Keller in der ›Muffel-Ecke‹ hängt. Nebst diesem Platz für Reminiszenzen von Angehörigen des Heers, früher von Marinesoldaten mit dem mehr oder minder nett gemeinten Spitznamen ›Muffel‹ bedacht, gibt es noch die ›Hamburg-Ecke‹ mit Andenken an Schiffe mit dem Namen der Hansestadt, die ›Gorch-Fock-Ecke‹ und die ›Rommel-Ecke‹ mit Erinnerungsstücken an den mittlerweile verschrotteten Zerstörer ›Rommel‹, der von 1967 bis 1999 im Dienst der Marine stand. Lange weiß alles über Schiffe und deshalb auch über die Dinge in seinem Keller. Er ist ein wandelndes, maritimes Lexikon.

Plötzlich rattert es im Keller so laut, dass man erschrocken zusammenzuckt. »Telefon«, sagt Lange trocken. Mit den Leitungen in seiner Wohnung hat er hier unten einen ›Befehlsübermittler‹ verdrahtet, ein Kasten mit Telefonhörer, mit dem einst an Bord Anweisungen von einem zum anderen Deck durchgegeben wurden. Er stammt vom Zerstörer ›Bayern‹. Das Rattern in Langes Schatzkammer hört erst auf, als seine Frau im oberen Stockwerk den Anruf annimmt. »Wenn es für mich ist, sagt sie gleich Bescheid«, erklärt der Sammler. Apropos: Wie findet Frau Lange es eigentlich, dass ihr Mann pro Woche 20 bis 30 Stunden in seinem maritimen Privatmuseum verbringt? »Lieber im Keller als in der Kneipe«, laute ihre Devise zur Marotte des Gatten. Damit hat sie natürlich recht.

Da die engen Räume schon ziemlich vollgepackt sind, tut sich unweigerlich eine weitere Frage auf: Wohin mit dem, was in den kommenden Jahren noch seinen Weg hier herunter findet? Plant Horst Lange einen Anbau? »Nee, nee«, antwortet er und lacht wieder, »da kommt nix mehr. Es ist ja nichts mehr übrig, das ich noch haben will.« Einem Jäger und Sammler wie ihm glaubt man das allerdings nur bedingt. Wahrscheinlich dauert es gar nicht mehr so lange, bis er wieder seinen Weg auf die Überseebrücke macht.

ÜBERSEEBRÜCKE
20459 HAMBURG

ksversammlung Wandsbek

Heimat Hamburg

Nebahat Güçlü engagiert sich in der Hospitalstraße

Sanft kämmt der Wind durch die uralten Bäume im August-Lütgens-Park. Blätter rauschen, Vögel zwitschern, auf dem Spielplatz toben die Kinder. Der Lärm der nicht weit entfernten, viel befahrenen Max-Brauer-Allee und die ewige Geräuschkulisse der Großstadt hängen als ferne Erinnerung in der warmen Sommerluft. Die kleine Anlage auf dem Gelände des ehemaligen Krankenhauses in der Hospitalstraße in Altona-Altstadt ist eine grüne Oase, die geschützt zwischen Häuserzeilen liegt – und selbst unter Hamburgern weitgehend unbekannt ist. Jedenfalls unter den Hamburgern, die nicht in diesem Stadtteil zu Hause sind.

Das grüne Idyll ist der ehrenamtliche Arbeitsplatz von Nebahat Güçlü. Seit Dezember 2012 ist sie die Vorsitzende der Türkischen Gemeinde Hamburg (TGH), die hier ihre Räume in einem der gelben Backsteingebäude des früheren Klinik-Komplexes hat. Fast zwölf Prozent der Hansestädter haben türkische Wurzeln, mehr als eine halbe Million Menschen in Hamburg stammen ursprünglich aus einem anderen Land. Ihnen zu helfen, hat Güçlü sich zur Aufgabe gemacht. Mit Beratungen aller Art, mit Einbürgerungshilfe, Deutschkursen, Hausaufgabenunterstützung für Kinder. »Es geht mir um die Teilhabe von Migranten, Gleichberechtigung, Verständigung«, sagt Güçlü. Wie ein roter Faden zieht sich das durch ihr Leben – und hat viel mit ihrer eigenen Biografie zu tun.

Denn das erste Gefühl, dass Nebahat Güçlü mit Deutschland verband, war Angst. Es war das Jahr 1970 und ihre Mutter und ihre Geschwister waren gerade in Hamburg angekommen, wo der Vater wie viele Zuwanderer im wachsenden Wirtschaftswunderland Arbeit gefunden hatte. Zu fünft zogen sie in ein Zimmer in der Wohnung des Onkels in St. Georg, Lange Reihe 69. Über dem Eingang an der Fassade tragen bis heute vier riesenhaft-antike Männerstatuen aus Stein die Last des ganzen Gebäudes auf ihren gebeugten Schultern. Und Nebahat Güçlü, gerade fünf Jahre alt, fürchtete sich vor ihnen. Ohne es zu wollen, hatte sie den schützenden Kokon ihres Heimatortes in Ana-

In diesem Haus in St. Georg ist Nebahat Güçlü groß geworden

tolien verlassen müssen. »Als ich hierher kam, habe ich die erste Woche nur geheult. Ich wollte zurück zu unserem Dorf, zurück zu meiner Oma«, erzählt Güçlü. Schön sei es dort gewesen und die Landschaft hügelig, es gab viele Tiere und vor allem Natur. Ein Traum also für jedes Kind – und ganz anders der Moloch einer europäischen Großstadt. »Ich fand es zu Anfang furchtbar in Hamburg«, sagt Güçlü.

Mehr als 40 Jahre später ist aus der Angst eine tief empfundene Zuneigung geworden – und aus dem kleinen verschreckten Mädchen eine selbstbewusste, freundliche und eloquente Frau. »Ich bin Hamburgerin« – dieser Satz sei ihr damals viel schneller über die Lippen gekommen als der Satz »Ich bin Deutsche.« Die Stadt nennt Güçlü »meine größte Liebe«, und wenn es wirklich so etwas gebe wie Heimat, dann sei es für sie Hamburg. Die Hansestadt und Güçlü waren Fremde, die zu Freunden geworden sind.

Der Weg dorthin war für sie jedoch ein Kampf – zu Anfang gegen Sprachbarrieren. Die Eltern, die sich ebenfalls in dem fremden Land unsicher fühlten, behielten ihre Kinder im Auge, so gut es ging. Die meiste Zeit verbrachte die Familie im engsten Kreis, auch der Kontakt zu einheimischen Gleichaltrigen entwickelte sich nur schwer. »Zumal in unserem Haus viele Einwanderer wohnten, vor allem Türken und Portugiesen«, sagt Güçlü. Nach einem halben Jahr zog die Familie in eine Wohnung im Stadtteil Barmbek.

Ihr erstes Schuljahr in der Grundschule nennt Güçlü noch heute »ein Trauma«. Sie sprach nur ein bisschen Deutsch und konnte, selbst wenn sie im Mathematikunterricht die richtige Lösung wusste, diese kaum artikulieren. »Ich hatte eine Lehrerin, die mich vor der ganzen Klasse an den Ohren gezogen hat«, sagt sie. Und dann seien da noch die Hänseleien der Mitschüler gewesen. »Meine Mutter hat unsere Hände zu Festen mit Henna bemalt, das ist in der Türkei ein Schmuck. Die Kinder hier kannten das nicht und haben sich davor geekelt.« Integration war in den 70er-Jahren noch ein Fremdwort in Deutschland, politisch wie gesellschaftlich – obwohl schon 1964 der millionste Gastarbeiter in die Bundesrepublik eingereist und türkisches Leben in Deutschland längst überall vorhanden war.

Die Sprache ihrer neuen Heimat lernte Güçlü erst in der zweiten Klasse richtig, im Alter von acht Jahren. Auch, weil sich der Vater zu Hause mit ihr und ihrer Schwester zum Büffeln hingesetzt hatte. »Der erste Satz, den ich auf Deutsch sagen konnte, war: ›Was ist das?‹ Rückblickend ein sehr wichtiger Satz«, erzählt sie. Doch waren die Sprachbarrieren erst einmal gefallen, startete sie durch: Als erstes türkisches Mädchen spielte sie Fußball beim Verein ›Uhlenhorst-Adler‹, später lernte sie die Kampfsportart Taekwondo. »Nach ein paar Jahren habe ich die Schule richtig genossen und war traurig, wenn die großen Ferien kamen.« Obwohl sie eine Empfehlung für die Hauptschule bekam, setzte sie mit Hilfe ihres Vaters die Einstufung für die Realschule durch. Dort sagte ihr eine engagierte Englischlehrerin, der sie noch heute dafür dankbar ist: »Nebahat, du musst aufs Gymnasium!« Im Sommer 1986 machte Güçlü ihr Abitur.

An der Hamburger Uni, wo sie Politikwissenschaft und Germanistik studierte, setzte sie fort, was sie nebenbei bereits in der Schule begonnen hatte: Sie engagierte sich politisch und gründete schließlich eine Selbsthilfegruppe für türkeistämmige Studentinnen. »Die meisten jungen Zuwanderer tragen ein Gefühl in sich, das ich von mir selbst auch nur zu gut kannte: Man steht zwischen zwei Kulturen und weiß nicht, wofür man sich entscheiden soll«, sagt Güçlü. Lange habe sie das Empfinden gehabt, zwischen zwei Stühlen zu sitzen. »Heute sage ich immer, ich sitze auf beiden Stühlen.« In der Uni lernte Güçlü auch ihren Mann kennen, 1990 kam die gemeinsame Tochter zur Welt, die heute in die Fußstapfen ihrer Mutter tritt und Soziale Arbeit studiert.

Güçlü engagiert sich für Frauenprojekte auf der ganzen Welt

Güçlü fördert nicht nur direkt in der Türkischen Gemeinde vor allem Migrantinnen, sie setzt sich auch für mehr gesellschaftliche Partizipation für Menschen mit ausländischen Wurzeln und für Geschlechtergerechtigkeit ein. 1993 beriet sie im interkulturellen Verein ›Inci‹ – ebenfalls in Altona – als Sozialpädagogin Frauen auf Türkisch, Deutsch, Englisch und Französisch, sie stieg zur Projektleiterin auf und schließlich zur Geschäftsführerin. Außerdem engagierte sie sich für Frauenprojekte auf der ganzen Welt, reiste nach Südamerika, Afrika, Asien.

Ihr Engagement blieb nicht unbeobachtet, 2003 traten die Grünen an sie heran. Ob sie nicht für die Bürgerschaft kandidieren wolle? Sie wollte – und zog nach der Wahl im Februar 2004 ins Hamburger Parlament ein. 2008 wurde sie wiedergewählt und gleichzeitig zur Vizepräsidentin der Bürgerschaft. Damit war sie die erste Migrantin und Muslimin im Präsidium eines deutschen Parlaments. Es war das höchste parlamentarische Amt, das ein eingebürgerter Politiker bis dato in der Bundesrepublik erreicht hatte. Wegen einer schweren Krankheit musste sie allerdings 2010 alle Ämter niederlegen und nahm sich ein Jahr Auszeit. »Ich wollte zunächst nur gesund werden. Das war zu dieser Zeit mein einziges Projekt.« 2011 kehrte sie zu ihrer Arbeit zurück und auch in die Räume der Türkischen Gemeinde im idyllischen August-Lütgens-Park.

Gegründet wurde die TGH 1986, als unmittelbare Reaktion auf die gewaltsame Ermordung des in Hamburg lebenden Türken Ramazan Avci durch jugendliche Neonazis im Dezember 1985. Es war eine bis dahin beispiellose Tat in der Bundesrepublik, die die öffentliche Debatte beherrschte – und zu Solidarität führte. Mehr als 10.000 Hamburger demonstrierten danach in Erinnerung an den ermordeten Mann.

Um Gedenken geht es auch beim August-Lütgens-Park selbst, dessen Namensgeber Opfer der NS-Terrorjustiz war. Trotz nicht erwiesener Beteiligung am sogenannten ›Altonaer Blutsonntag‹ 1932, einem großen nationalsozialistischen Aufmarsch mit anschließenden gewaltsamen Zusammenstößen, wurde der Widerstandskämpfer August Lütgens zum Tode verurteilt. Heute ist der nach ihm benannte Park ein Ort des Friedens, der Begegnung und der Gemeinsamkeiten, nicht nur zwischen den Kulturen, sondern auch zwischen Alt und Jung. Kinder klettern auf den Bäumen und an einer großen Kletterwand an einem alten, 20 Meter hohen Bunker; es gibt Spielplätze und neben der Türkischen Gemeinde das Kulturzentrum ›Haus Drei‹. Da die Anlage weniger überlaufen ist als viele andere Hamburger Grünflächen, ist der August-Lütgens-Park heute vor allem eines: ein friedliches Kleinod in der Altstadt von Altona.

TÜRKISCHE GEMEINDE
HAMBURG UND UMGEBUNG E.V.
HOSPITALSTRASSE 111
22767 HAMBURG
WWW.TGHAMBURG.DE

13 Der Alsterkapitän

Jörg Ipsen legt vom Jungfernstieg ab

Wer auf der Suche nach dem viel beschworenen, kollektiven ›Hamburg ist die schönste Stadt der Welt‹-Gefühl ist, sollte sich auf den Weg zur Alster machen. Schmucke helle Gründerzeitbauten mit kupfergrünen Dächern säumen das Ufer des zu einem großen See aufgestauten Flusses in der Innenstadt, auf der Wasseroberfläche paddeln Dutzende Schwäne. Gekrönt wird die Szenerie durch die Alsterfontäne, die seit 1987 von Frühling bis Herbst das Wasser gute 60 Meter in den Hamburger Himmel schießt. Und dann sind da noch die Alsterdampfer: Weiße flache Schiffe mit rotem Kiel und rotem Dach, die ihren Anleger direkt am von Spaziergängern und Stadtgenießern bevölkerten Jungfernstieg haben. Vor allem Touristen, aber ab und an auch die Hamburger selbst drehen damit ihre Runden. Wenn man so will, sind die Alsterdampfer ein gelebtes Hamburg-Klischee – sie gehören zur Stadt wie die Schiffe an den Hafen und die Sex-Shops auf den Kiez.

Jörg Ipsen kann ein Lied von solchen Klischees singen. Er ist seit 1996 Kapitän auf einem der Alsterdampfer, und er sieht aus, wie ein Kapitän aussehen muss: rote Haare, Vollbart – dazu spricht er breiten Hamburger Akzent. Wen er trifft, den begrüßt er mit einem aufgeräumten »Moin!«, wie sich das in der Hansestadt eben gehört. »Kapitän sein ist im Grunde nur die eine Hälfte meines Jobs«, sagt er. »Die andere ist, ein Stück weit Schauspieler zu sein.« Wie es der Zufall will, entspricht Ipsens Arbeit damit dem, was er sich als kleiner Junge erträumt hatte. »Ich wollte tatsächlich zur See fahren oder schauspielern. Jetzt mache ich einfach beides.« Denn während seiner Touren gehört es zu seiner Aufgabe, den Gästen an Bord zu erklären, was sie draußen an sich vorbeiziehen sehen – und sie dabei zu unterhalten, damit es nicht langweilig wird. »Mit den richtigen Sprüchen und Anekdoten geht das«, sagt er. Wie er das genau macht, mag er aber nicht verraten. »Um das zu erfahren, müssen die Leute schon mit mir mitfahren.«

Gewissermaßen liegt das Schippern dem 1970 in Altona geborenen Hamburger im Blut. Ipsens Großvater und Urgroßvater fuhren

Um die Alsterschwäne kümmert sich Jahr für Jahr liebevoll ein Schwanenvater

zur See, nur sein eigener Vater schlug in dieser Hinsicht aus der Art und konnte dem Reiz des Wassers eher wenig abgewinnen. »Bei mir war die Idee dagegen immer irgendwie da«, sagt der Junior. Und so kam es, dass Jörg Ipsen nach der Schule bei einer Reederei anheuerte und am 5. November 1985 im französischen Marseille an Bord der ›Adeline‹ stieg. Die erste Fahrt ging nach Spanien, nach Valencia. »Dort bin ich dermaßen seekrank geworden, dass ich am liebsten wieder ausgestiegen wäre«, sagt er. So kann es gehen. Doch Ipsen hielt durch und blieb – und verlor sein junges Herz an das Meer. »Es hört sich vielleicht etwas pathetisch an, aber es gibt da diesen Ausspruch des Reeders Albert Ballin: ›Mein Feld ist die Welt.‹ Das konnte ich zu dieser Zeit sehr gut nachfühlen.«

Und Pathos ist ja auch überhaupt nicht schlimm. Vor allem nicht bei Ipsens heutigem Job. Mit Binnen- und Außenalster ist sein Revier zwar nur noch gute 180 Hektar groß und damit deutlich kleiner als die sieben Weltmeere – aber es ist sozusagen das flüssige Herz der Hansestadt und für die Hamburger und ihr Lebensgefühl identitätsstiftend. Ohne Alster wäre alles nichts. Und das ist nicht einmal übertrieben.

Die Alster entspringt als kleines Rinnsal im schleswig-holsteinischen Dörfchen Henstedt-Rhen, weniger als zehn Kilometer von der Landesgrenze zu Hamburg entfernt. Schon vor vielen 100 Jahren, als Hamburg noch keine Millionen-, sondern eher eine Kleinstadt war, diente sie den Menschen dort als Transportweg für Holz, Stein und Torf – und als lebenswichtiger Lieferant für Trinkwasser. Ende des 12. Jahrhunderts ließ sich ein gewisser Graf Adolf III. von Schauenburg einfallen, die Alster mit einem Damm zum See aufzustauen, um eine Kornmühle zu betreiben – ungefähr da, wo heute der Jungfernstieg ist und Jörg Ipsen an Bord der Dampfer geht. Binnen- und Außenalster waren geboren, die bis heute das Stadtbild bestimmen. Als ähnlich nachhaltig stellte sich der Beschluss von 1664 heraus, die Alsterschwäne unter besonderen Schutz zu stellen. Dieser gilt nämlich bis heute. Liebevoll kümmert sich Jahr um Jahr ein ›Schwanenvater‹ um die Tiere, der sie im Winter aus dem Wasser und in ein warmes Zelt holt und sie im Frühjahr wieder in ihr Revier zurückbringt.

Als die Globalisierung die Container-Schifffahrt erreichte und die Bezahlung schlechter wurde, kehrte Jörg Ipsen, mittlerweile gelernter Schiffsmechaniker, Anfang der 90er-Jahre von den großen Meeren zurück. Es folgten die Bundeswehr, ein paar Jobs an Land und schließlich die Bewerbung bei der Hamburger Alstertouristik, die ihn erst zum Maschinisten und dann zum Kapitän machte. »Wenn man jeden Tag mit Reisenden unterwegs ist, sollte man auch wissen, wie es sich anfühlt, selbst Reisender zu sein«, findet Ipsen, und tut deshalb in seiner Freizeit eben genau das: sich die Welt ansehen. So viel es irgendwie geht. Vor allem Neuseeland nennt er mittlerweile sein »zweites Zuhause«, fast jedes Jahr packt er seine Sachen und steigt in ein Flugzeug dorthin. Warum gerade dieses weit entfernte Stück Erde? »Eigentlich Zufall«, sagt Ipsen. Wie man es aus Filmen kennt, habe er sich in einem verregneten Winter seinen Schulglobus geschnappt, ihn gedreht und irgendwann mit dem Zeigefinger gestoppt – und landete im Meer in der Nähe Neusee-

Durch die schmalen Kanäle steuert Ipsen seine Gäste besonders gern

lands. »Und so kam es, dass ich tatsächlich hingeflogen bin. Klingt fast wie eine ausgedachte Geschichte, ist es aber nicht.« Das Land der Kiwis zu besuchen, wurde für Jörg Ipsen in den vergangenen Jahren schon fast zur Tradition.

Auch mit der Alster sind viele Traditionen verknüpft. Die liebevolle Fürsorge für die Schwäne ist nur eine davon. Jedes Jahr findet zum Beispiel das Schachturnier ›Linkes Alsterufer gegen rechtes Alsterufer‹ statt, bei dem Schulen westlich und östlich der Alster am Brett gegeneinander antreten – und jedes Kind weiß hier ganz genau, für welche Seite es spielt. Jeden Winter hoffen die Hamburger zudem darauf, dass es kalt genug ist und die Alster zufriert. Dann ist sie nämlich freigegeben zum sogenannten ›Alstervergnügen‹, bei dem mitten auf dem Eis Buden für Glühwein und heiß-fettige Leckereien aufgebaut werden – allzu häufig passiert das allerdings nicht. Zu allen anderen Jahreszeiten tun die Hamburger vor allem bei schönem Wetter am Jungfernstieg das, was sie schon immer gerne taten: in einem der Cafés am Ufer sitzen, Cappuccino trinken, spazieren gehen, die Sonne ins Gesicht halten und Leute beobachten – gewissermaßen Savoir-vivre auf Hamburgisch. Schon der romantische Lyriker Friedrich von Hagedorn (1708–1754) wusste in seinem berühmten und viel zitierten Gedicht ›Die Alster‹:

›Befördrer vieler Lustbarkeiten,
Du angenehmer Alsterfluß!
Du mehrest Hamburgs Seltenheiten
Und ihren fröhlichen Genuß.‹

In die gleiche Kategorie fallen auch die Alsterdampfer, die allein der Freude am Schippern gewidmet sind und nicht dem schnöden Transport. Besonders beliebt sind seit langer Zeit die sogenannten ›Dämmer-Törns‹, bei denen die Kapitäne die Schiffe bei Sonnenuntergang durch Hamburgs Kanäle fahren. »Vor allem für Verliebte ist das eine schöne Tour«, sagt Ipsen.

Die Schiffe, die er über das Wasser steuert, heißen ›Seebek‹, ›Susebek‹ oder ›Ammersbek‹, benannt nach Nebenarmen der Alster und kleinen Bächen in der Stadt. Vor allem Erstere haben es Ipsen angetan und sein Gefühl verrät ihm, dass es vielen Hamburgern genauso geht. »Es gibt richtig kleine, enge, zugewachsene Kanäle«, erzählt er. »Da fährt man rein und auf einmal ist es ganz still. Die Leute vergessen da, dass sie in einer Großstadt sind.«

Und wie geht es ihm bei der ganzen Sache? Kein Heimweh nach der großen weiten Welt? Nein, zurückkehren würde er von der Alster- zur Seefahrt nicht mehr, dafür möge er seinen Job zu sehr. »Aber eines werde ich nie vergessen«, sagt Ipsen und warnt schon grinsend, dass es gleich wieder pathetisch wird. »Wenn ich damals nach vielen Monaten mit dem Schiff nach Hamburg eingelaufen bin und von Weitem den Hafen und den Michel sah, dann war das wirklich etwas ganz Besonderes.« Ja, das klingt wirklich schön. So schön, dass man es Jörg Ipsen nur allzu gerne glaubt. Bei ihm ist es ohnehin wie bei den meisten hier: Hamburg ist die schönste Stadt der Welt. An der Alster sowieso.

ANLEGER JUNGFERNSTIEG
20354 HAMBURG
WWW.ALSTERTOURISTIK.DE

AR & CAFE

14

In Hamburg sagt man Tschüss

Heidi Kabel bezauberte im ›Ohnsorg-Theater‹

Die lebensgroße Bronzestatue vor dem ›Ohnsorg-Theater‹ hat einen gütigen Gesichtsausdruck. Ein sanftes Lächeln und freundliche Augen, was dem Bild sehr nahe kommt, das die Hamburger von Heidi Kabel in Erinnerung haben. Über Jahrzehnte hinweg war sie der Star des plattdeutschen Theaters und stand in mehr als 160 Stücken auf der Bühne. Jetzt ist sie direkt neben dem Hauptbahnhof verewigt und jeder, der hier ankommt und abfährt, geht an der Heidi-Kabel-Skulptur vorbei. Ein würdiges Denkmal für die beliebteste Schauspielerin der Hansestadt.

Am 27. August 1914 wurde Heidi Kabel als echte Hamburger Deern geboren, wenige Schritte von der Alster entfernt. Seit 1932 stand sie auf der Bühne. Gemeinsam mit ihrem Spielpartner, dem nicht minder beliebten Henry Vahl, brachte sie nicht nur das Publikum im ›Ohnsorg-Theater‹, sondern auch die Fernsehzuschauer zum Lachen. 1937 heiratete sie Hans Mahler, der später Chef des Theaters wurde. Die gemeinsame Tochter zog es ebenfalls in die Schauspielerei, häufig trat sie an der Seite ihrer Mutter auf. Was die Menschen so an Heidi Kabel liebten, war vor allem ihre Herzlichkeit, ihr Witz, ihr Verstand. Unvergessen ist jedoch ebenso ihre Stärke: Als sie 1970 auf der Bühne vom Tod ihres Mannes erfuhr, weigerte sie sich, die Vorstellung abzubrechen und spielte auch noch den letzten Akt zu Ende.

Im Sommer 2010 ist sie im Alter von 95 Jahren verstorben. Gut zwölf Monate nach ihrem Tod wurde die Statue aufgestellt. Sie zeigt Heidi Kabel in einer Pose, in der sie einem die Hand zu reichen scheint. Es passt gut zu ihrem wohl berühmtesten Lied: ›In Hamburg sagt man Tschüss‹.

OHNSORG-THEATER
HEIDI-KABEL-PLATZ 1
20099 HAMBURG
WWW.OHNSORG.DE

Hamburger
Inferno im Hafen

15 Mit der Heimat im Herzen

Lars Haider ist Chefredakteur beim ›Hamburger Abendblatt‹

Wer wissen will, wie die Hansestadt funktioniert, kommt nicht am ›Hamburger Abendblatt‹ vorbei. Die Zeitung ist die größte und wichtigste in der Elbmetropole und wird vom Bürgermeister ebenso gelesen wie von der Hausfrau nebenan. Das auf jeder Titelseite aufgedruckte Motto ›Mit der Heimat im Herzen die Welt umfassen‹ steht dabei nicht nur symbolisch für das Selbstverständnis der Zeitung, sondern auch für das der ganzen Stadt. Seit Juli 2011 ist Lars Haider Chefredakteur des ›Abendblatts‹. Heimat im Herzen? Aber wie!

Nina Paulsen: Können Sie sich noch an Ihren ersten Tag beim ›Hamburger Abendblatt‹ erinnern?

Lars Haider: Ich weiß noch genau, dass es ein Sonntag war. Ich hatte vorher schon im Regionalsport der ›Harburger Rundschau‹ gearbeitet, die damals zum ›Hamburger Abendblatt‹ gehörte. Sonntags wurde aber immer in der ›Abendblatt‹-Redaktion produziert, die in jener Zeit noch im Altbau am Axel-Springer-Platz war. So bin ich zum ersten Mal hierhergekommen. Das muss 1993 oder 1994 gewesen sein.

Worum ging es in Ihrem ersten Artikel für das ›Abendblatt‹?

Mein erster Text handelte von einem amerikanischen Basketballspieler, der beim VfL Stade spielte und die ganze Regionalliga aufmischte. Ein Wahnsinnstyp. Ich habe anfangs nur über Sport geschrieben.

Und dann sogar eine Fitness-Kolumne etabliert, wie man sich in der Redaktion erzählt.

Als ich anfing, waren alle interessanten Themen schon besetzt. Es gab HSV-Reporter, St.-Pauli-Reporter, Tennis-Reporter – viele der Kollegen sind ja heute noch hier. Ich als freier Mitarbeiter wollte aber viel schreiben und Geld verdienen. Also habe ich den damaligen Sportchef gefragt, ob es nicht gut wäre, eine wöchentliche Fitness-Kolumne zu machen. Im Grunde war das völlig absurd, denn ich hatte mit Fitness nichts zu tun. Ich habe dann 1997 sogar noch einen Führer durch Hamburgs Fitnessstudios geschrieben. *(lacht)*

Der Altbau des Axel-Springer-Verlags – hier war früher die Redaktion

Sie sind in Hamburg geboren und groß geworden – auch mit dem ›Abendblatt‹?

Ich wollte diese Geschichte eigentlich gar nicht mehr erzählen, aber meine Eltern haben sogar in der Hochzeitskutsche des ›Hamburger Abendblatts‹ geheiratet, die man damals als Paar bekommen konnte. Aber ja, die Zeitung lag jeden Morgen bei uns auf dem Tisch. Ich war als Junge HSV-Fan und habe mir den Sportteil genommen und die Bundesligaergebnisse in die Tabellen eingetragen. Ich glaube, es gibt seitdem keinen Tag, an dem ich die Zeitung nicht in den Händen hatte.

Wollten Sie schon als Kind Journalist werden?

In habe tatsächlich bereits in der Grundschule eine Schülerzeitung gemacht. Die hieß ›Denkste‹. Ich hatte vorher ein Kinderbuch mit dem Titel ›Wolle wird Chefredakteur‹ gelesen und ich wollte wie Wolle sein. Die Zeitung hatte um die 14 Seiten, das Format DIN A 5 und erschien in 30 Exemplaren. Ich muss irre gewesen sein. Trotzdem wollte ich nie Journalist werden, sondern Arzt. Das war so lange mein Wunsch, bis ich meinen Zivildienst im Krankenhaus absolviert habe. Ich habe während dieser Zeit eine regelrechte Abneigung gegen Krankenhäuser entwickelt.

Also blieben Sie lieber beim Schreiben.

Genau. Ich war mit 19 Jahren Pressesprecher des Hamburger Basketball-Verbandes und habe frei fürs ›Wochenblatt‹ und für Tageszeitungen geschrieben. Ich hatte mir allerdings nie vorstellen können, dass man auch vom Schreiben leben kann und habe deshalb Politik und Geschichte auf Lehramt studiert.

Sie waren nach Ihrem anschließenden Volontariat beim ›Hamburger Abendblatt‹ und Ihrer Zeit als stellvertretender Lokalchef von 2004 bis

2006 Redaktionsleiter der ›Elmshorner Nachrichten‹. Warum haben Sie das ›Abendblatt‹ verlassen?

Tja, so ganz freiwillig war das nicht. Ich wurde zu einem Gespräch mit der Chefredaktion gebeten und hatte eigentlich mit einer Beförderung gerechnet. Stattdessen hieß es: Waren Sie schon einmal in Elmshorn? Die ›Elmshorner Nachrichten‹ war die kleinste Lokalzeitung, die der Axel Springer Verlag damals hatte. Also bin ich gegangen – habe aber meinen ersten Wohnsitz in Hamburg behalten. Das ist übrigens immer so gewesen. Ich bin immer Hamburger geblieben.

Also war Elmshorn dann gar nicht schlimm?

Mein Leben wäre sogar völlig anders verlaufen, wenn ich das nicht gemacht hätte. Für meine Karriere war dieser Schritt entscheidend. Als ich kam, waren die ›Elmshorner Nachrichten‹ praktisch pleite und als ich ging, waren sie wieder in den schwarzen Zahlen und hatten den Deutschen Lokaljournalistenpreis gewonnen. Doch was viel wichtiger war: Ich habe meine Frau dort kennengelernt. Sie hatte sich als Praktikantin beworben und ihr Anschreiben begann mit dem Satz: ›Sehr geehrter Herr Haiser‹. So ist das manchmal im Leben: Scheinbar kleine, unwichtige Dinge nehmen auf einmal eine riesige Dimension ein.

Sie sind nach einem weiteren Zwischenstopp in Berlin Chefredakteur des ›Weser Kuriers‹ geworden. Nun stehen sich Hamburg und Bremen ja in herzlicher Antipathie gegenüber. Ist Ihnen der Wechsel nicht wahnsinnig schwer gefallen?

Doch, klar. Aber die Chance, Chefredakteur zu werden, konnte ich mir auch nicht entgehen lassen. Es war eine wirklich schwere Entscheidung. Und ganz ehrlich: Ich hatte zu diesem Zeitpunkt nicht damit gerechnet, noch einmal zum ›Hamburger Abendblatt‹ zurückzukehren.

Wie lange haben Sie überlegt, als Ihnen angeboten wurde, Chefredakteur des ›Hamburger Abendblatts‹ zu werden?

Gar nicht. Ich wusste es sofort und alle anderen auch. Mir ist diese Zeitung so unglaublich wichtig und die gesamte Redaktion ist wie eine große Familie. Das hier ist eine Herzensangelegenheit für mich.

›Mit der Heimat im Herzen die Welt umfassen‹ lautet das Motto

Was ist die wichtigste Eigenschaft, wenn man Chefredakteur von Hamburgs wichtigster und größter Zeitung ist?

Die wichtigste Eigenschaft ist, dass man sich eben nicht jeden Tag sagt: ›Ich bin Chefredakteur von Hamburgs wichtigster und größter Zeitung.‹ Im Gegenteil, es bedarf fast schon Demut. Der Star ist ja die Zeitung. Und man muss diese Stadt lieben, was nicht heißt, dass man manches nicht auch kritisch sehen darf.

Was will der Hamburger am liebsten lesen?

Der Hamburger will sich in dem Glauben bestätigt sehen, dass seine Stadt die schönste in Deutschland und vielleicht sogar auf der ganzen Welt ist. Hamburg ist für den Hamburger eine schöne Stadt, eine erfolgreiche Stadt, eine saubere Stadt. Aber auch eine Stadt, die sich Gedanken um ihre Zukunft macht. Wir merken, dass das Interesse an nachhaltigen Verkehrsthemen immer wichtiger wird. In der Grundtendenz ist der Hamburger, so wie ich ihn kennengelernt habe, ein sehr optimistischer Typ, der vieles auch nicht allzu ernst nimmt. Der HSV könnte gern mal wieder Deutscher Meister werden, aber am Ende ist das nicht so wichtig.

Entspricht das auch Ihrem persönlichen Gefühl?

Als ich während meiner Zeit bei der ›Berliner Morgenpost‹ aus der Hauptstadt kam, stieg ich mit Absicht nicht am Hauptbahnhof aus, sondern erst an der Station Hamburg-Dammtor, um über die Alster zu fahren und diesen sensationellen Blick zu genießen. Diese Schönheit wird aber selbstverständlich, wenn man hier jeden Tag lebt. Da muss ich ein bisschen aufpassen.

Was will der Hamburger gar nicht lesen?

Zynismus. Der Hamburger versteht das nicht und will das auch nicht. Und der klassische Hamburger Leser mag es auch nicht zu boulevardesk – lieber schön hanseatisch zurückhaltend bleiben.

Welchen Einfluss hat das ›Hamburger Abendblatt‹ im Vergleich zum Bürgermeister?

Das ist überhaupt nicht vergleichbar, obwohl der Einfluss des ›Abendblatts‹ schon sehr groß ist. Es hätte wahrscheinlich keine Elbphilharmonie ohne das ›Abendblatt‹ gegeben und keine Olympiabewerbung. Wir sind aber anders als der Bürgermeister nicht Handelnder, sondern Beobachter.

Wenn Sie aber Bürgermeister wären: Was würden Sie sofort ändern?

Ich würde die Innenstadt autofrei machen. Rund um die Binnenalster würde ja schon reichen. Am Jungfernstieg müssten eigentlich gar keine Autos mehr fahren, finde ich.

Die Zeitungsauflagen schrumpfen. Wäre Hamburg ohne das ›Abendblatt‹ denkbar?

Nein, überhaupt nicht. Das Verrückte ist ja, dass zwar die Auflage nicht mehr so ist wie vor zehn Jahren, unser Einfluss darunter aber nicht gelitten hat. Ich staune immer wieder darüber. Neulich haben wir über einen kranken Jungen berichtet und binnen einer Woche haben die Leser 150.000 Euro gespendet. Ohne ›Abendblatt‹ wäre Hamburg einfach nicht das Hamburg, das es heute ist.

HAMBURGER ABENDBLATT
AXEL-SPRINGER-PLATZ 1
20355 HAMBURG
WWW.ABENDBLATT.DE

16 Die Bretter, die ihr die Welt bedeuten

Katharina Pütter spielt im ›Ernst Deutsch Theater‹

An den Tag kann sie sich nicht mehr erinnern. Nur noch an das Gefühl. Es war irgendwann im Februar 2011 und Katharina Pütter ging an ihr klingelndes Telefon. »Hallo?« Das ›Ernst Deutsch Theater‹ war dran, das größte Privattheater der Bundesrepublik, ein renommiertes Haus am Friedrich-Schütter-Platz im Hamburger Stadtteil Uhlenhorst. Man habe sie für eine Rolle in einem neuen Stück im Auge. Der bekannte Regisseur Fred Berndt würde sie gern einmal spielen sehen. Ob das möglich wäre? Es war. »Er ist dann in eine meiner Vorstellungen des Kriminalstücks gekommen, mit dem ich in Berlin gerade auf der Bühne stand. Ich habe mich riesig gefreut«, erzählt die junge Schauspielerin – und noch heute strahlt sie bei der Erinnerung.

Berndt fand offenbar gut, was er sah, und engagierte sie für die turbulente Farce ›Der nackte Wahnsinn‹ von Michael Frayn. Am 24. November 2011 feierte das Stück Premiere. Mit Katharina Pütter in der Rolle der überdrehten, nicht besonders hellen Brooke Ashton. »Es war so schön, endlich in Hamburg zu arbeiten«, sagt sie. »Ich hatte jeden Tag ein Gefühl von Heimat und Freiheit, am Hafen oder beim Joggen um die Alster.« Das kann sie seither jedes Jahr genießen – denn am ›Ernst Deutsch Theater‹ gehört Pütter mittlerweile regelmäßig zum Ensemble.

Wasser ist wichtig für die 1984 geborene Flensburgerin, möglichst am Wasser zu leben, noch viel mehr. »Ich bin ein Strandkind«, sagt sie und meint es auch so. »Dort fühle ich mich wohl – und immer ein Stückchen zu Hause.« Ihr Elternhaus lag direkt an der »Waterkant«, wie es der Schleswig-Holsteiner nennt. Nach der Schule ging sie schwimmen, lernte Wasserski und Wakeboard, surfte und tauchte. Überhaupt – der Sport, die ständige Bewegung. Sie nahm Tennisstunden und Reitunterricht, Katharina Pütter war Kapitänin der Jungen-Fußballmannschaft, so lange, bis sie älter wurde und in ein reines Mädchen-Team hätte wechseln müssen. »Dazu hatte ich dann keine Lust mehr«, schmunzelt sie. Wer sie nach ihrem Berufswunsch fragte, erhielt schon damals die Antwort: »Später will ich Schauspielerin werden.« Auch, wenn es zu der Zeit noch ein Kindertraum war.

Katharina Pütter als Brooke Ashton in ›Der nackte Wahnsinn‹

Wenn sie heute auf ihre frühen Jahre in Flensburg zurückblickt, fügt sich für sie vieles wie ein Puzzle zu einem großen Bild zusammen. »Mir war das damals gar nicht so klar, aber die Beschäftigung mit Sprache war immer wichtig für mich«, erzählt sie. Sie las viel, redete auch viel, suchte nach Worten, um genau das auszudrücken, was sie dachte und fühlte. Ihre besten Schulfächer waren Deutsch, Englisch und Französisch, vor allem die Werke großer Dramatiker wie Goethe, Schiller, Lessing oder Sartre und Camus begeisterten sie. Ihr Interesse galt dem Innenleben der Figuren, aber immer drängender wurde ihr Wunsch, sie geistig zu durchdringen und körperlich darzustellen. Vor dem Abitur besuchte Katharina Pütter für ein Semester ein Internat in Südengland, Schwerpunkt Literatur. »Wenn die Lehrer dort Shakespeare rezitiert haben, war das faszinierend. Das habe ich heute noch im Ohr.«

Dass sie ihre Faszination für Sprache und Rhetorik zum Beruf machen könnte, wurde ihr zum ersten Mal bei einem Praktikum beim Radio klar. Der Programmdirektor ließ den Nachwuchs beim Sender Probeaufnahmen machen und hörte sich Pütters Band an. »Du hast 'ne gute Stimme. Mach was draus«, sagte er zu ihr. Noch heute erinnert sie sich gut an diesen Moment. »Das war kaum mehr als ein nettes Kompliment für mich, aber dieser Satz ist danach immer wieder in meinem Kopf aufgetaucht und bekam eine große Bedeutung.« Denn noch als Schülerin machte sie tatsächlich etwas aus ihrer Stimme, sprach erste Rundfunkbeiträge und Werbespots ein. Auch Hamburg, knapp zwei Autostunden von Flensburg entfernt, wurde zu dieser Zeit zunehmend wichtiger für sie. Mit ihren Eltern besuchte sie Inszenierungen im ›Thalia Theater‹, dem ›Schauspielhaus‹ und auch im ›Ernst Deutsch Theater‹.

Die Schauspielschule besuchte sie trotzdem im Süden, im bayerischen Regensburg. Nach einem Vorsprechen konnte Katharina Pütter dort an der Akademie für Darstellende Kunst einen der begehrten Plätze ergattern, »um all das fundiert zu lernen, was mich begeistert hat.« Also den Umgang mit Sprache und Literatur, mit Kultur und ihrer Geschichte. Und natürlich, wie man eine Rolle auf einer Bühne verkörpert, sogenannte Menschendarstellung. Das Studium dort dauerte drei Jahre, während dieser Zeit las und spielte sie sich durch die Literaturepochen – von den antiken griechischen Tragödien bis zu den großen Dramatikern der Gegenwart. Die Werkesammlung in ihrem Bücherregal wuchs von Woche zu Woche. »Ich habe an jedem einzelnen Tag gedacht: Das ist genau das, was ich machen will«, sagt sie. Noch im Studium begleitete sie als Hospitantin eine Produktion von der ersten Probe bis zur Premiere im ›Ernst Deutsch Theater‹ und war damit bereits in die praktische Theaterarbeit eingebunden. »Ich hatte mich beworben, weil ich den Spielplan schon als Zuschauer spannend fand und deshalb gerne dort arbeiten wollte.« Der Kontakt zwischen der Pütter und dem Haus blieb erhalten – so lange, bis sie im Februar 2011 den entscheidenden Anruf bekam.

In Hamburg angekommen, lernte sie die Stadt als Einwohnerin kennen. Sie zog in eine Wohnung im Schanzenviertel, besuchte die Theater, Museen und Ausstellungen, entdeckte die Parks und joggte natürlich, so oft es ging, am Wasser. Schon während ihrer Rolle in ›Der nackte Wahnsinn‹ wurde sie von einer begeisterten Theaterbesucherin für weihnachtliche Lesungen in Eppendorf engagiert.

Von außen ist das ›Ernst Deutsch Theater‹ ein eher unscheinbarer Backsteinbau. Innen befindet sich ein großer Zuschauerraum mit 744 Plätzen. 1951 wurde das Haus von den Schauspielern Friedrich Schütter und Wolfgang Borchert als ›Junges Theater‹ gegründet, es sollte vor allem dem Nachwuchs eine Bühne bieten. Nach mehreren Umzügen hat es 1964 seinen heutigen Standort gefunden und wurde 1973 am vierten Todestag Ernst Deutschs nach dem gefeierten Darsteller benannt. Dahinter ›stand der Wunsch, den Namen

Reisen gehört zu den großen Leidenschaften der jungen Schauspielerin

dieses großartigen Schauspielers und seinen Kampf gegen soziale Ungerechtigkeit in der Erinnerung des Publikums wach zu halten‹, wie es in der Theater-Historie heißt.

Auf Initiative der Intendantin Isabella Vértes-Schütter stand Katharina Pütter auch nach ihrem ersten Auftritt immer wieder im ›Ernst Deutsch Theater‹ auf der Bühne. 2012 verkörperte sie in der deutschsprachigen Erstaufführung von Nina Raines anspruchsvollem und aufwühlendem Stück ›Sippschaft‹ eine junge Frau namens Sylvia, die nach und nach ihr Gehör verliert. Als Vorbereitung studierte Pütter über Monate hinweg die Deutsche Gebärdensprache an der Hamburger Universität. Für Pütter war es eine wichtige Erfahrung zu lernen, wie man auch ohne das gesprochene Wort miteinander kommunizieren kann und so in die Welt der Gehörlosigkeit einzutauchen. »Das war wirklich etwas Besonderes«, sagt sie. »Gebärdensprache ist eine sehr intensive Form der Kommunikation, weil man sich mimisch und gestisch voll und ganz auf den anderen einlassen muss. Meine Freude an Motorik konnte ich künstlerisch in eine betont körperliche

Rollengestaltung einfließen lassen.« Das Publikum habe offen und neugierig auf das Thema reagiert. »Viele haben gesagt, dass sich ihr Bewusstsein für Gehörlosigkeit nach dem Stück verändert hat.« In der darauffolgenden Spielzeit begeisterte sie als Oberschwester Kelly im Komödienklassiker ›Mein Freund Harvey‹.

Neben den Rollen auf der Bühne und vor der Kamera sind Literaturlesungen und Sprachaufnahmen für TV und Hörfunk Katharina Pütters zweites Standbein; ihre Stimme hört man etwa bei ›arte‹-Dokumentationen oder im ›rbb‹-Kulturradio. Sie arbeitet nicht nur in der Hansestadt, sondern auch in Berlin und zwischendurch auf der ganzen Welt. Für die Hamburger Reederei Hapag-Lloyd ging sie bereits mehrfach mit der ›MS Europa‹ auf große Fahrt, um die Gäste an Bord mit Geschichten über das Reisen oder mit Südseeabenteuer literarisch zu unterhalten. »Das tolle ist, dass ich damit Wasser und Literatur vereinen kann«, lacht sie. Na ja, und ferne Länder und entlegene Orte dieser Welt kennenzulernen, sei natürlich auch nicht schlecht, fügt sie schmunzelnd hinzu.

Der Dichter Friedrich Schiller umschrieb die Theaterbühne mit den berühmten Worten der »Bretter, die die Welt bedeuten«. Wie für wohl die meisten Schauspieler gilt das auch für Katharina Pütter. Sie liebt das Theater, will weiter mit Stimme, Sprache und Körper arbeiten, vor allem in Hamburg. »Alles was ich jetzt mache, möchte ich weiterentwickeln. Ich möchte einfach noch viel erleben in diesem Beruf. So viel es irgendwie geht.«

ERNST DEUTSCH THEATER
FRIEDRICH-SCHÜTTER-PLATZ 1
22087 HAMBURG
WWW.ERNST-DEUTSCH-THEATER.DE
WWW.KATHARINAPUETTER.DE

POLIZEI
Einsatzfahrzeuge
der Polizei
frei

17 Der Sheriff vom Kiez

Waldemar Paulsen ging von der Davidwache aus auf Streife

Wer etwas über Hamburgs sündigste Meile lernen will, muss sich eigentlich nur hinsetzen und Waldemar Paulsen eine Weile zuhören. Nicht nur, dass er gute Geschichten gut erzählen kann, was selten genug ist – er hat sie alle auch selbst erlebt. In den 70er- und 80er-Jahren war Paulsen Zivilfahnder auf dem Kiez. Sein Sachgebiet: Prostitution und Zuhälterei. Tiefstes Rotlicht also und damit genau das, was den Ruf der Reeperbahn ausmacht.

Paulsen sitzt auf einer samtroten Couch im Café des ›St. Pauli Theaters‹, nicht weit entfernt von seinem früheren Einsatzort, der Davidwache. Das markante Backsteingebäude am Spielbudenplatz ist die wohl berühmteste deutsche Polizeistation. Gleichzeitig ist sie für das kleinste Revier Europas zuständig – aber für ein Revier, das es in sich hat. Paulsen nimmt ein Schluck von seinem Wasser, holt tief Luft, legt los. Und sofort ist man mittendrin.

Er jongliert mit Sätze wie: »Der Kiez hat immer seine eigenen Gesetze gemacht« oder »Durch Koks und Heroin wurden die Luden irgendwann unberechenbar«. Und er holt all die skurrilen Namen jener Menschen hervor, mit denen er es damals zu tun gehabt hat: Da war zum Beispiel ›Blumen-Klaus‹, der so hieß, weil er mit dem An- und Verkauf von Rosen sein Geld machte, jedoch nicht zu verwechseln war mit ›Schweine-Klaus‹. Außerdem lief ›der verrückte Rainer‹ durch St. Pauli, der sich nach einem Sprung ins Wasser eine Hirnverletzung zugezogen hatte. Dann waren da noch ›Lackschuh-Dieter‹, ›der schöne Mischa‹, ›Nasen-Peter‹ oder ›Stotter-Harry‹ – und es gab ›Dödel-Alex‹. »Das war ein kleines Männchen im schwarzen Nadelstreifenanzug, ein Zocker und ein Heiratsschwindler«, sagt Paulsen. Woher kam der Name ›Dödel-Alex‹? Der Exfahnder grinst. »Die Frauen erzählten, er habe ein überdimensionales Gemächt.« Paulsens Partner wiederum nannten sie ›den Schnellen‹, weil er ein guter 400-Meter-Läufer gewesen war.

Wer dem ehemaligen Polizisten zuhört, taucht in eine Welt ein, die Durchschnittsmenschen in der Regel verborgen bleibt, die

Die Reeperbahn war Paulsens einstiges Revier

anrüchig ist und kriminell, trotzdem aber reizvoll bleibt. Sie diente deshalb schon unzähligen Fernsehkrimis als Kulisse. Doch nicht TV-Kommissare waren es, die Paulsen zu seinem Beruf brachten.

Aufgewachsen ist der 1947 geborene Kieler vollkommen behütet, im Nordsee-Nest Friedrichskoog. Das Kriminellste, was er hier erlebt hat, war ein betrunkener Randalierer in der Dorfkneipe, mit dem die resolute Wirtin jedoch alleine fertig geworden ist. »Ich hatte immer Sehnsucht nach der großen weiten Welt«, sagt Paulsen. Nach der Schule machte er deshalb eine Lehre bei Mercedes, »denn die hatten gerade eine Niederlassung in Argentinien aufgebaut.« Doch dann meldete sich die Bundeswehr, und Paulsen entschloss sich, zwei Jahre als Polizist zu arbeiten, was in jener Zeit als Wehrersatzdienst angerechnet wurde. »Danach wollte ich eigentlich sofort wieder in meinem alten Beruf zurück.« Wie so oft im Leben kam es anders. Paulsen gefiel die neue Aufgabe, am 4. April 1966 wurde Hamburg sein Einsatzgebiet. In seinen ersten Jahren arbeitete er bei der Bereitschaftspolizei, wo er Ende der 60er-Jahre die Zeit der Außerparlamentarischen Opposition (APO) und der Studentenunruhen miterlebte. Sein Streifenwagen war am 19. Mai

1972 einer der ersten vor Ort, als drei Sprengsätze der RAF im Gebäude des Axel-Springer-Verlags explodierten.

Im Oktober 1972 trat Paulsen seinen Dienst auf St. Pauli an. »Ich bin immer wagemutig gewesen, neugierig, wollte wissen, was passiert. Ich glaube, das war die richtige Einstellung, um ins Milieu einzusteigen«, sagt er. Als ihm sein Sachgebiet Prostitution und Zuhälterei übertragen wurde, bekam er von seinem Chef den Auftrag, Kontakt zu den ›Alphatieren‹ aufzunehmen. Und genau das tat Paulsen: Er zog los, klapperte die Bordelle ab, das ›Eros-Center‹ oder auch das ›Palais d'amour‹, suchte in den anrüchigen Bars nach jenen, die im Milieu etwas zu sagen hatten, den Luden. »Mehr als 2.000 registrierte Prostituierte hat es damals hier gegeben«, sagt er, »und Hunderte Zuhälter.« Vor allem die Bekannten unter ihnen waren wichtig für Paulsens Arbeit, zum Beispiel der ›Pate von St. Pauli‹. Mit bürgerlichem Namen hieß er Wilfried Schulz und galt viele Jahre als Nummer eins im Rotlichtmilieu. »Der hatte immer einen richtigen Clan um sich herum und hat in einem Keller seine eigenen Gerichtsverhandlungen abgehalten, wenn ihm einer untreu geworden ist«, erinnert sich Paulsen. Schulz soll in zahlreiche kriminelle Machenschaften verwickelt gewesen sein. Doch zu fassen bekam die Polizei ihn nie – und wenn, dann nur für Bagatelldelikte.

Paulsen hat ein gutes Gedächtnis. Beachtlich ist, wie genau er sich an Zahlen, Daten und Uhrzeiten erinnern kann. Bis ins kleinste Detail erzählt er von einem weiteren Einsatz vor mehr als 30 Jahren, bei dem vielleicht ein Mord hätte verhindert werden können und der ihn noch heute beschäftigt: »Am 28. September 1981, einem sonnigen Herbstnachmittag, waren ›der Schnelle‹ und ich auf dem Weg in die ›Ritze‹, um dort im Boxkeller eine Personenkontrolle zu machen.« In diesem bis heute berühmt-berüchtigtem Lokal, dessen Tür von aufgemalten, gespreizten Frauenbeinen umrahmt ist, vermuteten die beiden Polizisten einen per Haftbefehl gesuchten Zuhälter. »Doch kurz bevor wir den Laden betreten wollten, wurden wir per Funk woanders hingerufen«, sagt Paulsen.

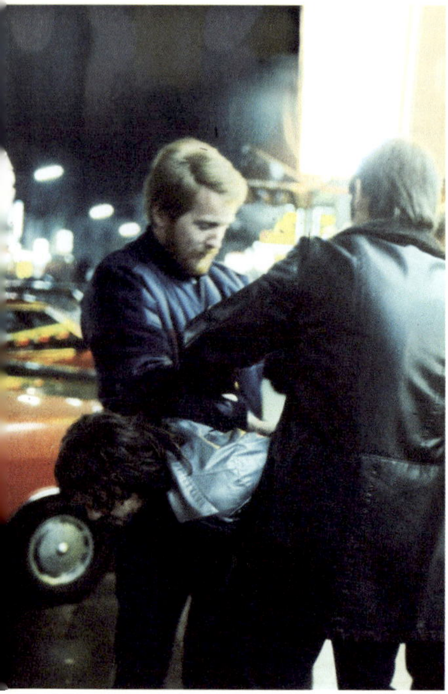

Paulsen in Aktion: bei der Verhaftung eines Räubers

Auf halbem Weg erübrigte sich der neue Einsatz jedoch und der ›Rotfuchs‹, wie Paulsen wegen seiner roten Haare genannt wurde, kehrte mit ›dem Schnellen‹ zur ›Ritze‹ zurück. Und dann das: »Hinten auf dem Boden lag ›Chinesen-Fritz‹, tot durch drei Schüsse. Wir waren nur Sekunden zu spät.« Wie Paulsen später erfuhr, hatte der Mörder sein Opfer, das mit bürgerlichem Namen Fritz Schroer hieß und im ›Palais d'amour‹ Zimmer vermietete, wortlos niedergeschossen und war sofort geflohen. Bis heute ist die Tat nicht aufgeklärt. »Hätten wir den Funkspruch nicht bekommen und wären in der ›Ritze‹, geblieben, wäre es wohl anders gekommen«, glaubt Paulsen.

Er macht eine kurze Pause, nimmt einen Schluck von seinem Mineralwasser. Das, was er als nächstes zu erzählen hat, ist wichtig für ihn. ›Der schlimmste Tag meines Lebens‹, heißt das entsprechende Kapitel in dem Buch ›Meine Davidwache‹, das Paulsen über seine Zeit auf St. Pauli geschrieben hat. Er kann sich noch an alles erinnern, es sprudelt nur so aus ihm heraus: »Es war am 13. Dezember 1980 um Viertel nach sechs in einer Kneipe im Hamburger Berg.« Diese Ecke auf dem Kiez ist heute Partymeile, auf die vor allem Touristen kommen, um zu trinken und zu feiern. »Wir wollten die Personalien eines Verdächtigen prüfen. Ich ging zu ihm hin und wollte seinen Ausweis sehen. Und tatsächlich: Er war genau der Mann, den wir suchten.« Doch auf einmal zog dieser eine Waffe aus der Tasche, eine Walther PP, Kaliber 7,65 Millimeter. »Ich habe in diesem Moment gespürt, dass etwas passieren würde«, sagt Paulsen. »Aber Angst hatte ich nicht, dafür ging alles zu schnell.« Der Mann mit der Waffe drückte ab. Gerade noch rechtzeitig stürzte sich Paulsens Partner auf den Schützen, die Kugel sauste haarscharf an seinem Ohr vorbei. Noch ein Schuss. Diese Kugel traf einen unbeteiligten Gast, der am Tisch hinter ihnen über seinem Bier eingeschlafen war. Es kam zum Gerangel, weitere Kugeln zischten quer durch den engen Raum, noch ein Mann wurde verletzt. Dann endlich: Ladehemmung. Paulsen und sein Partner überwältigten den Schützen.

»Ich bekomme die Bilder von diesem Abend einfach nicht aus dem Kopf«, sagt Paulsen. Seitdem sitzt er in Restaurants und Cafés, wie hier im ›St. Pauli Theater‹, immer mit dem Rücken zur Wand, damit er den ganzen Raum überblicken kann. »Es ist eine Horrorvorstellung für mich, versehentlich einen Schuss abzubekommen.« Der 13. Dezember 1980 war der Anfang vom Ende von Paulsens Zeit im Rotlichtmilieu. Er wechselte kurz danach zur Kriminalpolizei.

Seit August 2007 ist Paulsen im Ruhestand, lebt wieder in Friedrichskoog. Er ist nur noch selten in Hamburg und noch seltener auf dem Kiez. »Es ist nicht mehr mein St. Pauli«, sagt er, »obwohl das Viertel noch immer eine wahnsinnige Anziehungskraft hat.« Das stimmt. Mehr als fünf Millionen Touristen kommen jedes Jahr nach Hamburg, ein Besuch der Reeperbahn steht bei fast allen ganz oben auf der Liste. Das gilt auch für die Frauengruppe aus Wien, die im Café des ›St. Pauli Theaters‹ am Nebentisch sitzt. Sie haben vieles mitgehört – und sie wollen mehr wissen und lassen sich Paulsens Buch signieren. Er lehnt sich zurück und holt tief Luft. Der Tag ist schließlich lang – und es gibt noch viele Geschichten aus der Davidwache zu erzählen.

DAVIDWACHE
SPIELBUDENPLATZ 31
20359 HAMBURG
WWW.WALDEMAR-PAULSEN.DE

18 Ich werde immer Sportlerin sein

Katja Kraus läuft an der Krugkoppelbrücke los

Wenn Katja Kraus zu ihren Joggingtouren aufbricht, kann sie einen herrlichen Blick auf die Außenalster genießen. Die Krugkoppelbrücke, wo sich sie mit ihren Laufpartnern trifft, ist fast der nördlichste Punkt von Hamburgs großem Binnengewässer, das sich wie ein großer blauer Teppich in der Stadtmitte ausbreitet. Bei schönem Wetter sind hier kleine Segelboote unterwegs, Kanus oder Tretboote. Andere umrunden die Alster mit dem Rad oder zu Fuß. Wenn sie in Hamburg ist, läuft Kraus die 7,4 Kilometer lange Runde jeden Tag. Manchmal sogar zwei Mal.

»Ich werde immer Sportlerin sein«, sagt sie. Bewegung ist wichtig für Kraus, obwohl sie nicht mehr Fußball spielt. Sie war Torwart bei der Frauenmannschaft des FSV Frankfurt, bei 220 Bundesligaspielen dabei, wurde drei Mal mit ihrem Team Deutsche Meisterin und vier Mal Pokalsiegerin. Auch mit der Nationalmannschaft heimste sie Trophäen ein, wurde Europameisterin und Vize-Weltmeisterin und nahm 1996 an den Olympischen Spielen teil. Fußball nennt sie »meine Leidenschaft« und der Sport zieht sich tatsächlich wie ein roter Faden durch ihre wichtigsten privaten und beruflichen Stationen. Von 2003 bis 2011 nannte man Kraus die »mächtigste Frau im Profifußball«. Sie war Vorstand für Kommunikation und Marketing beim Hamburger Traditionsverein HSV. Heute ist sie Buchautorin, bereist das Land für Vorträge und Lesungen und steht seit Sommer 2013 an der Spitze einer Sportmarketing-Agentur.

Ihre Leidenschaft für den Ballsport hat die 1970 in Offenbach geborene Kraus früh entdeckt: »Ich habe mit den Nachbarjungen auf unserem Hof gespielt und irgendwann gemerkt, dass ich eine taugliche Torhüterin werden könnte.« Also begann sie beim FSV Frankfurt, trainierte täglich und feierte in 15 Jahren mit ihrer Mannschaft zahlreiche Erfolge. Der Sport prägte sie, nicht nur physisch, auch menschlich. »Der Mannschaftssport hat mir sehr viel Stabilität gegeben und mich gelehrt, mit Druck, mit Erfolgen und vor allem mit Niederlagen umzugehen«, sagt sie.

Das Stadion des HSV am Volkspark. Deutscher Meister war der Verein zuletzt 1983.

Neben dem Training machte sie ihr Abitur, studierte danach Politik und Germanistik in Frankfurt. »Schule und Studium haben meine Fußballleidenschaft eskortiert, aber der Sport spielte in dieser Zeit die Hauptrolle«, sagt Kraus. Im Alter von 25 Jahren wurde sie Pressesprecherin bei Eintracht Frankfurt und damit die erste Frau in dieser Position bei einem Bundesligaverein. Immer darauf angesprochen zu werden, *die Erste* in einer Männerdomäne zu sein, habe sie anfangs dabei »gelangweilt«. Dennoch habe sie in ihrer Exponiertheit eine Chance gesehen. »Etwa die, bei einem wichtigen Thema genauer gehört zu werden.« Sie musste anfangs jedoch auch mit männlicher Überheblichkeit umzugehen lernen. »Ich habe in einer meiner ersten Pressemitteilung einen Spielernamen falsch geschrieben. Ein Kommentator einer renommierten Zeitung hat mir daraufhin die Eignung für den Job abgesprochen.« Zieht einen das nicht runter? »Nein, es hat mich motiviert, noch besser zu werden.« Kraus ist eben Perfektionistin. So war das auch in ihrer Zeit beim HSV.

Der Umzug nach Hamburg ist ihr anfangs allerdings schwergefallen. Obwohl sie sich heute nicht mehr vorstellen kann, in einer anderen Stadt zu leben, hat sie »die Herzlichkeit der Frankfurter und vor allem die geselligen Apfelweinkneipen« anfangs vermisst, wie sie es formuliert. Was ihr gleich zu Beginn in der Hansestadt aufgefallen war: »die Distanz der Hamburger zu ihrem Fußballklub«. Also habe sie mir ihrem Vorstandskollegen Bernd Hoffmann daran gearbeitet, den HSV wieder zum gesellschaftlichen Ereignis in der Stadt zu machen. »Es ist uns mit vielen Maßnahmen gelungen, eine absolute Begeisterung für den Verein zu erzeugen«, urteilt sie rückblickend. Der lang ersehnte Meistertitel blieb allerdings unerreicht. Diesen gewann der HSV zuletzt 1983.

Als ihr Vertrag im Frühjahr 2011 nicht verlängert wurde, hat sich Katja Kraus, für deren Karriere es bis dahin immer bergauf ging, Gedanken über das Scheitern gemacht. Darüber, was es bedeutet, nicht mehr gestalten zu können. Sie hat ein Buch geschrieben, dafür mit bekannten Menschen gesprochen, die ebenfalls einen Bruch in ihrer Erfolgslaufbahn haben. »Ich habe beim Schreiben eine neue Form der Erfüllung gefunden«, sagt sie. Ihre Lesereisen haben die Fahrten zu Auswärtsspielen abgelöst, sie mag diese Trips in andere Städte, den Gedankenaustausch mit den Menschen, »denn das Thema meines Buches geht alle an«. Und schön sei es zudem, das Land auf diesem Wege kennenzulernen. Deutschland findet sie »wunderschön«, auch ein bisschen aus einer Zweckmäßigkeit heraus: »Ich habe nämlich Flugangst.«

Fußball spielt Katja Kraus heute nicht mehr. Ihr letztes Match ist schon viele Jahre her, ein DFB-Pokalfinale in Berlin, das ihr Team mit 6:2 verlor. »Danach habe ich meine Torwarthandschuhe an den Nagel gehängt und bis heute nie wieder angefasst«, sagt sie. Heute sei Joggen der wichtigste Sport in ihrem Leben, jeden Morgen, von der Krugkoppelbrücke aus. Ein perfekter Tagesauftakt – mit einem der schönsten Blicke auf die Alster inklusive.

KRUGKOPPELBRÜCKE
22301 HAMBURG

19

Der Stadtgärtner

Dieter Hüttenrauch pflegt ›Planten un Blomen‹

Für ›Planten un Blomen‹ gilt: Rasen betreten ausdrücklich erlaubt! Hamburgs bekannteste Gartenanlage mit ihrem plattdeutschen Namen ist nicht nur zum Angucken da, sondern auch zum Verweilen und Genießen. Dass das möglich ist, ist unter anderem Dieter Hüttenrauch zu verdanken. Er arbeitet hier schon seit fast vier Jahrzehnten und ist heute technischer Leiter von ›Planten un Blomen‹. Und es gibt wohl keine Blume, die er nicht beim Namen kennt.

Nina Paulsen: Schön ist es hier, Herr Hüttenrauch. Allerdings macht so ein großer Garten sicher viel Arbeit, oder?

Dieter Hüttenrauch: Absolut. Die Anlage ist 47 Hektar groß und ich bin für alles verantwortlich, was sich innerhalb des Zauns befindet. Die Grünanlagen, die Beete, die Gebäude und auch die Wasserlichtorgel, die einmalig in Westeuropa ist, doch zuletzt 1973 generalüberholt wurde. Es gibt also immer was zu tun. Wenn wir hier Konzerte und Veranstaltungen haben, passe ich aber schon auf, dass nicht die Lastwagen über den Rasen fahren. Das macht alles kaputt. Sonst darf da natürlich jeder rauf.

Wie sind Sie zu Ihrem Beruf gekommen?

Ich bin in Berlin groß geworden und habe dort bereits als Kind mit dem Fahrrad Blumensträuße ausgefahren. Für jeden Strauß gab es 50 Pfennig, egal, wie weit der Weg war. Blumenbinder wollte ich dann aber nicht werden, sondern lieber wissen, wie die Pflanzen herangezogen werden. Also habe ich eine Lehre zum Zierpflanzengärtner gemacht. Es ist ein wirklich sehr schöner Beruf. Nach der Lehre habe ich auf einer Großbaustelle gearbeitet, wo wir jeden Tag im Lehm abgesoffen sind.

Was bitte macht ein Gärtner auf einer Baustelle?

Im Garten- und Landschaftsbau ist das so. Meine erste Baustelle als Vorarbeiter war danach bei dem ehemaligen Haus von Heinz Rühmann, der Nachbesitzer wollte seinen Garten umgestaltet haben. Da mussten wir die Bodenplatten fünf Mal anders legen, bis er zufrieden war. Da habe ich ’ne Menge gelernt. *(lacht)* Das war super.

47 Hektar ist ›Planten un Blomen‹ groß. Jedes Beet muss für Hüttenrauch ein Highlight haben.

Was hat Sie nach Hamburg verschlagen?

Nach Hamburg kam ich nicht direkt. Weil der Berliner Arbeitsmarkt derart unsicher wurde, bin ich erst für ein halbes Jahr nach Bremen und im Anschluss länger nach München gegangen. Ein guter Schulfreund von mir ist während dieser Zeit in die Nähe von Hamburg gezogen, nach Geesthacht. Bei seiner Hochzeit war ich Trauzeuge – und dort habe ich meine erste Frau kennengelernt. Sie war eine Freundin der Braut. Weil sich alles gut entwickelte, habe ich meine Zelte in Bayern abgebrochen. Das war 1975. 1996 habe ich ein zweites Mal eine liebe Frau geheiratet.

Also hat Sie die Liebe in den Norden gezogen.

Genau. Mein erster Job hier war auf dem Ohlsdorfer Friedhof. Ich habe Grabpflege gemacht, die Kuhlen ausgegraben und auch alle anderen anfallenden Arbeiten auf dem Friedhofsgelände erledigt.

Fanden Sie das nicht manchmal unheimlich?

Unheimlich nicht. Aber bei den ersten Beerdigungen habe ich, als die Trauergesellschaft und der Sarg kamen, hinterm Busch gestanden und selbst geheult. Obwohl ich den Toten gar nicht kannte! Das ging mir anfangs schon sehr nahe. Jedenfalls habe ich parallel dann meinen Meisterbrief gemacht und mich für ›Planten un Blomen‹ beworben.

Und es hat geklappt.

1977 habe ich hier angefangen und nach ein paar Jahren die Meisterstelle bekommen. Alles ging seinen Gang, und weil ich mich wohl nicht ganz dumm angestellt und ständig weitergebildet habe, bin ich nun seit 1994 der Leiter. Ich bin hier also reingewachsen und kenne mittlerweile jede Ecke.

Sind Sie auch in Ihrer Freizeit hier?

Das vermeide ich. Vor allem, um mein Nervenkostüm zu schonen. *(lacht)* So schön es hier ist, aber wenn ich an einem freien Sonntagnachmittag sehen würde, dass die Leute den Park vielleicht mal nicht so behandeln, wie sie sollten, und zum Beispiel quer durch die Beete laufen, könnte ich mich nicht zurückhalten. Am Wochenende will ich mich nicht ärgern. Der Park ist schließlich mein ganzer Stolz.

Haben Sie hier viel selbst gestaltet?

Es ist einiges auf meinen Mist gewachsen und fast alles ist aus dem Kopf und ohne Pläne entstanden. Es hat sich in den letzten Jahren viel verändert, wir haben jetzt zum Beispiel mehr Staudenbeete. Außerdem haben wir große, bis zu vier oder fünf Meter hohe Rhododendronsträucher rausgezogen, damit man viele schöne Blickachsen übers Gelände hat und nicht alles zugewachsen ist. Außerdem ist mir wichtig, dass es auf jedem Beet jedes Jahr drei Höhepunkte gibt, im Frühjahr, im Sommer und im Herbst. Das auf so einer großen Anlage bei jedem Beet anders hinzubekommen, ist gar nicht einfach. Jede Ecke muss einen anderen Charakter haben. Ich gucke mir auch immer wieder andere Parks in Deutschland an, um mir Ideen zu holen.

Es wird also nicht langweilig.

Nein. Oft gehe ich zur Arbeit und sage mir: So, jetzt kümmerst du dich nur mal ums Tagesgeschäft. Aber dann ist hier etwas kaputt gegangen oder es fällt dort etwas außer der Reihe an, sodass die Tage doch wieder länger werden. Nach halb vier gehe ich dann kaum noch ans Telefon, damit ich den Papierkram erledigen kann.

Also sind Sie heute vor allem Schreibtischtäter?

Neulich wurden uns 35.000 Sommerblumen geliefert, da juckt es mich

Tagsüber sprudeln die Brunnen, nachts gibt es im Parksee die berühmten Wasserlichtkonzerte

in den Fingern. Da muss ich dann beim Pflanzen mitmachen, egal, wie das Wetter ist. Aber insgesamt verbringe ich wohl 80 Prozent meiner Zeit am Schreibtisch. Manchmal ist das schon schade. Schöne Abwechslung ist aber, dass ich ehrenamtlich an der Meisterschule Staudenkenntnisse unterrichte und mich um unsere Auszubildenden kümmern kann.

Kommen mehr Touristen oder mehr Einheimische nach ›Planten un Blomen‹?

In den Sommermonaten haben wir hier ziemlich viele Touristen, bestimmt 30 bis 40 Prozent. Sie kommen aus allen Bundesländern, aber auch aus Dänemark oder der Schweiz, das geht bis in den September rein. Auch die Hamburger kommen immer öfter, einzeln, zusammen, Kindergruppen. Vielleicht übertreibe ich, aber ich würde sagen, unser Spielplatz hier ist der beste von Hamburg.

Ich sag' Ihnen was: Das habe ich als Kind auch so empfunden.

Sehen Sie. Man kann manchmal gar nicht mehr den Sand erkennen, so viele Kinder flitzen über den Spielplatz.

Welche ist Ihre persönliche Lieblingsecke im Park?

Ich habe keine. Der ganze Park ist super, er hat verschiedene Phasen durchgemacht. Das alte ›Planten un Blomen‹ ist ja schon 1935 entstanden. Mit den Jahren kam immer mehr dazu. Besonders schön sind hier zum Beispiel die Mittelmeerterrassen, wegen der schwarzen Schieferplatten sind sie im Winter der wärmste Ort in Hamburg. Im Sommer hat man dafür schönen Schatten und einen tollen Blick auf Vögel und Wasserschildkröten. Aber mit den einzelnen Bereichen des Parks ist es für mich wie bei einer Familie: Da hat man alle Kinder gleich lieb und ich habe alle Parkecken gleich lieb.

Haben Sie denn eine Lieblingspflanze?

Nein, auch nicht. Jede Jahreszeit hat tolle Pflanzen. Im zeitigen Frühjahr sind es die Tulpen, im Mai die Rhododendren und die Azaleen, dann kommen die Rosen, im Herbst die Astern. Das Schöne an meinem Beruf ist, dass ich die Jahreszeiten ganz bewusst erlebe und alles wachsen sehe. Ich möchte keine andere Arbeit haben!

Haben Sie zu Hause einen Garten?

Wir wohnen im ersten Stock zur Miete und haben eine kleine Terrasse mit ein paar Balkonkästen. Da teilen meine Frau und ich uns die Arbeit. Die Pflanzenideen kommen aber von mir.

Wenden sich die Menschen in Ihrem Freundeskreis eigentlich permanent an Sie, wenn sie Probleme mit ihren Geranien haben?

Das nicht. Dafür zeigen sie mir immer Handyfotos, um zu erfahren, um was für eine Pflanze es sich eigentlich handelt, die sie da gekauft haben. Oder sie fragen mich bei Pflanzenkrankheiten. Wenn ich Ahnung von den Dingen habe, helfe ich natürlich gern. Aber ich weiß auch nicht alles. Bei der Wirkung von Heilpflanzen zum Beispiel verweise ich lieber an einen Apotheker.

Wie lautet Ihr ultimativer Tipp an alle Hobbygärtner?

Nicht zu viel gießen. Zu nass ist bei Pflanzen nicht gut, draußen wie drinnen. Und man braucht Geduld. Orchideen sind ein klassisches Beispiel. Wenn man sie kauft, blühen sie und wenn die Blüten abfallen, schmeißen die Leute die Orchideen oft zu schnell weg. Dabei muss man sie nur oben abschneiden und warten, dann kommen die Blüten wieder. Man muss Pflanzen pflegen, in jeder Hinsicht. Das tun wir auch bei uns im Park. Jede Pflanze, die mehr Pflege braucht, bekommt sie. Das ist das ganze Geheimnis.

PLANTEN UN BLOMEN
ST. PETERSBURGER STRASSE 28
20355 HAMBURG
WWW.PLANTENUNBLOMEN.HAMBURG.DE

TAXI

20 Willkommen in Dollywood!

Die Bhangu-Brüder starten ihr Taxi am Eckhoffplatz

Wer in Hamburg auf der Straße den Arm für ein Taxi hebt, hat eine Chance von 1:3.500, im Wagen von Lovely und Monty Bhangu zu landen. Vertraut man allein auf den Zufall, braucht es also etwas Glück, um es auf den Rücksitz der lustigsten und wohl prominentesten Taxifahrer der Hansestadt zu schaffen. Sie steuern ihren Wagen nicht nur zuverlässig von A nach B, sie singen auch. Ihr Stil: Bollywood auf Deutsch. Kurz Dollywood – garniert mit so viel guter Laune, wie es nur irgendwie geht.

Hamburg, Hamburg, beste Stadt der Weeheelt/
Hamburg, wo spielt große Rolle Geld, Hamburg!

Mit dieser augenzwinkernden Anspielung auf die hanseatische Schickeria fängt das Hamburg-Lied der indischstämmigen Brüder an, die eigentlich Bharpoor und Jang Bahadur Singh-Bhangu heißen. Aber Lovely und Monty lässt sich für ungeübte deutsche Zungen besser aussprechen – also wählten sie Künstlernamen.

1984 kamen sie aus dem nordindischen Punjab in den Hamburger Stadtteil Lurup und folgten damit ihrem Vater, der einen guten Job am Hafen gefunden hatte. Heute leben alle zusammen in einem Haus, der Vater, die Söhne mit ihren Frauen und Kindern. Lurup ist ein Wohnviertel, von dem aus man schnell in Schleswig-Holstein und genauso fix in der Innenstadt ist – und in das keine Touristen kommen. »Lurup ist super, wir haben alles um die Ecke«, sagt Lovely. Er schwört auf seine Gegend, deren Zentrum der Eckhoffplatz ist. Neben einem modernen Einkaufszentrum gibt es hier auch noch ein altes Reetdachhaus. Es prallen Kontraste aufeinander ebenso wie bei den Bhangu-Brüdern und der Hansestadt.

Hamburg, Hamburg, beste Stadt der Weeheelt/
Hamburg, wo spielt große Rolle Geld, Hamburg! Wo gibt die Reeperbahn/
am Hafen große Kran/
Villa und das Zelt

Monty und Lovely in ihrem Taxi. Hinter dem Rückspiegel klemmt die Deutschlandfahne.

Seit sie in Hamburg leben, haben die Brüder schon vieles versucht: Sie waren Tellerwäscher, Pizzabäcker, haben in einer Fast-Food-Kette und in einer Vermögensberatung gearbeitet. Seit 2003 fährt Lovely Taxi, 2011 folgte ihm sein jüngerer Bruder in den Job. Nebenbei spielte die Musik immer eine große Rolle, Lovely schrieb Lieder und Monty sang sie. »Irgendwann hatten wir die Idee, unsere Lieder im Taxi zu präsentieren«, erzählt Lovely. Und obwohl die Texte damals noch auf Indisch waren, kamen sie bei den Gästen gut an. Damit diese auch mitsingen konnten, erdachten die Brüder erste Texte auf Deutsch.

Elbchaussee bis Airport/
volles Leben ist dort/
Elbchaussee bis Airport/
volles Leben ist dort

Was an den beiden am meisten auffällt, ist ihre überschäumende Fröhlichkeit. Immer wieder unterbricht das glucksende Lachen des einen Bruders den Redefluss des anderen. »Wir sind positive Menschen, das kommt von unserem Vater«, sagen sie. Dass sie damit gewissermaßen das Gegenstück zum tendenziell zurückhaltenden Hamburger bilden, wissen sie längst. »Genau das mögen die Menschen, mit uns können sie Spaß haben und dem Alltag entfliehen.« Steigt ein Gast ein, drehen sie das Radio laut oder singen gleich selbst. Und immer öfter stimmen die Fahrgäste mit ein.

Manchmal da ist Stau/
Man setzt sich ja fort/
Unterwegs der Regen fällt/
Hamburg, Hamburg, beste Stadt der Weeheelt!

Dabei war es gar nicht so einfach, indische Musik auf Deutsch zu singen. »Für das erste Lied habe ich acht Monate gebraucht«, sagt Lovely. »Auf Indisch können wir gut darüber singen, dass ein junger Mann Respekt vor seinen Eltern hat. In Deutschland nennt man so etwas ein ›Muttersöhnchen‹.« Der bekannteste Song der Bhangu-Brüder heißt ›Wenn du jemanden von Herzen liebst‹. Damit haben sie es sogar in die Top 100 der deutschen Musik-Downloads geschafft.

Willst du Stress unterdrücken/
Gehst du dann Landungsbrücken

Das Lied war so erfolgreich, dass die Brüder im Internet zu Stars geworden sind. Doch auch im Fernsehen treten sie immer wieder auf und haben bereits zwei CDs produziert. »Unsere Familie fand anfangs etwas komisch, was wir gemacht haben«, sagt Monty. »Mittlerweile sind sie aber sehr stolz auf uns und kommen zu vielen Auftritten mit.« Lovely nickt. »Die Familie ist das wertvollste Vermögen, das man haben kann.«

Hamburg hat alles wenn du schaust ganz genau/
Lovely sagt, diese Stadt ist hell!

Und was ist, wenn der Erfolg irgendwann derart groß ist, dass Taxifahren nicht mehr notwendig ist? »Wir wollen damit nicht aufhören«, sagt Lovely. »Und wir wollen uns vor allem nicht unter Druck setzen.« Es komme alles so, wie es komme. Außerdem würden sie es auch nicht fürs Geld machen. »Wir pflegen die Seele der Menschen. Wenn sie am Ende lächelnd aus dem Auto steigen, haben wir alles erreicht, was wir wollen!«

ECKHOFFPLATZ
22547 HAMBURG

21 Finanzfrau mit Fernweh

Adelheid Sailer-Schuster lenkte die Bundesbank in Hamburg

Wenn man Adelheid Sailer-Schuster fragt, was sie macht, wenn sie nicht gerade Bankerin ist, legt sie den Kopf schief und lässt ihren Blick für einen Moment aus dem Fenster schweifen. Da draußen ist die Hafencity, Hamburgs neuester, wachsender Stadtteil, und die Elbphilharmonie, auf deren Dach zu diesem Zeitpunkt noch immer Baukräne stehen. »Ich gehe gern in die Oper, besuche Theater und Konzerte«, sagt sie schließlich. »Und ich koche sehr gern.« Bei diesem Gedanken muss Sailer-Schuster plötzlich lachen. Gerade ist ihr etwas Lustiges eingefallen. »In Brüssel hat man gefragt: Und? Wie lange bist du schon hier? Die Antwort wurde dann in Kilo gegeben.« Wie ist das zu verstehen? »Es gab dort französische Küche und deutsche Portionen. Dort zu arbeiten ging auf die Linie«, grinst sie. »Je länger man da war, desto schwerer wurde man.«

Ansehen tut man dies der zierlichen Frau ebenso wenig wie ihren Kampfgeist. Von 2009 bis Ende 2013 war Sailer-Schuster Präsidentin der Hauptverwaltung der Deutschen Bundesbank für Hamburg, Mecklenburg-Vorpommern und Schleswig-Holstein und damit eine der wichtigsten Finanzfrauen der Hansestadt. Ihren Platz hatte sie in einem hellen Büro im Gebäude der Bundesbank in der Willy-Brandt-Straße, mit Blick auf die Elbphilharmonie. Ihr Job nahm immer einen großen Stellenwert in ihrem Leben ein, nicht nur hier in Hamburg. »Arbeit und Freizeit trenne ich eigentlich nicht«, stellt sie klar. Selbst in den Urlaub nehme sie ihr Handy mit. »Das ist besser, als wenn Entscheidungen hängen bleiben oder bei der Rückkehr riesige Papierstapel auf mich warten.«

Adelheid Sailer-Schuster wurde 1948 in ein konservatives Elternhaus am Bodensee geboren. »Für mich galt das ganze Programm für höhere Töchter«, erzählt sie. In der Grundschule wurde sie von Nonnen unterrichtet, das Abitur absolvierte sie auf einem Mädchengymnasium. Den Wunsch, Jura zu studieren, versuchten die Eltern ihr auszureden, weil sie der Meinung waren, als Lehrerin hätte man es als Frau einfacher. Sie scheiterten jedoch am festen Willen ihrer Tochter. Der Zufall wollte es, dass sie als junge Frau eine Stellenanzeige der

Aus ihrem Büro blickte Sailer-Schuster auf die Elbphilharmonie

Bundesbank in ihrer Bonner Uni entdeckte und plötzlich wusste, was sie mit ihrem Leben anfangen wollte. Voraussetzung für die Laufbahn des höheren Dienstes bei der Deutschen Bundesbank war allerdings eine abgeschlossene Banklehre.

Ohne lange zu überlegen, begann Adelheid Sailer-Schuster nach dem Studium also noch einmal von vorn, und zwar mit einer Ausbildung bei der Kreissparkasse. Die erste Klausur über Zinsrechnen setzte sie prompt in den Sand. Dramatische Folgen hatte das aber nicht, und Sailer-Schuster begann nach der Lehre ihre Referendarzeit bei der Landeszentralbank in Stuttgart. Nach dem Abschluss wechselte sie zur damaligen Landeszentralbank in Hamburg, da ihr Mann inzwischen als kaufmännischer Leiter einer Itzehoer Druckerei gen Norden gezogen war.

Auch wenn ihr die Stadt aus heutiger Sicht Erfolg gebracht hat – einfach war der Start an der Elbe nicht. »Schon im Vorstellungsgespräch habe ich gemerkt, dass man hier nicht gerade erpicht war auf Frauen in Führungspositionen«, erinnert sie sich. »Ehrlich gesagt, war ich Hamburg gegenüber aber auch skeptisch.« Vor allem die kühleren Temperaturen und der viele Regen störten sie. »Sommerkleider braucht man hier kaum.« Zunächst bezog Sailer-Schuster eine kleine Zweitwohnung in Blankenese, mit der Geburt des ersten Kindes wurde sie nach Eimsbüttel verlegt, wo ihre beiden Töchter ihre ersten Lebensjahre verbrachten. Doch die beruflichen Perspektiven blieben für Sailer-Schuster in Hamburg begrenzt, der nächste Neustart musste her.

Diesmal trug er den Namen Italien. Als Vertreterin der Bundesbank und Finanzattacheé der Deutschen Botschaft ging sie nach Rom. Sie lacht, während sie über diese Station ihres Lebens spricht: »Als ich damals gegangen bin, haben sie in Hamburg gedacht, ich sei plötzlich übergeschnappt.« War sie aber nicht, sondern sie legte einfach los. 1995 holte sie der damalige Binnenmarktkommissar und spätere italienische Ministerpräsident Mario Monti in sein Kabinett nach Brüssel. Sie blieb volle zehn Jahre in Belgien, wechselte aber auch hier zwei weitere Male den Job. »Ich bin überall ins kalte Wasser gesprungen. Überall musste ich mich erst durchsetzen und immer wieder neu beweisen, dass ich es kann.«

2009 gab sie der Hansestadt eine zweite Chance – und das zahlte sich aus. Sailer-Schuster bezog eine Wohnung in der Hafencity, die sie mag, »weil da so viel in Bewegung ist«. Seit 2001 entsteht auf der rund 155 Hektar großen Fläche direkt an der Elbe ein neues Wohngebiet, das bis 2020 Platz für 12.000 Menschen bieten soll. Auch Sailer-Schuster bleibt in Bewegung. Sie reist viel, am Wochenende pendelte sie nach Berlin zu ihrem Mann, nach Rom oder Brüssel. Welchen Ort sie Heimat nennen würde, ist wieder eine der Fragen, bei denen sie kurz überlegen muss. »Rom vielleicht«, sagt sie – und genau diese Antwort zeigt, wie gut Hamburg dann doch zu ihr passt: Die Stadt ist schließlich ›das Tor zur Welt‹.

DEUTSCHE BUNDESBANK
WILLY-BRANDT-STRASSE 73
20459 HAMBURG

22 Held hinter der Leinwand

Werner Grassmann gründete das Kultkino ›Abaton‹

Sein Lieblingsplatz ist gleich links neben der Bar auf der Heizung neben dem Tresen. Werner Grassmann sitzt gern dort, vor allem abends, wenn das Kino sich langsam füllt und die Gäste vor dem Film ihre Verpflegung kaufen. Die typischen Popcorn-Eimer und Cola-Becher in Übergröße gibt es hier, anders als in den großen Blockbuster-Komplexen, nicht. Denn das ›Abaton‹, das Werner Grassmann 1970 am Allendeplatz direkt neben der Uni gegründet hat, gehört zu der Sorte Filmtheater, in denen man eher ein gediegenes Glas Rotwein trinkt. »Programmkino ist etwas für den Kopf, Blockbuster-Kino eher etwas für den Bauch«, sagt er.

Das ›Abaton‹ gilt als das älteste und damit erste Programmkino der Bundesrepublik. So ganz genau weiß man natürlich nicht, ob nicht vielleicht vorher schon jemand in einem Raum ein paar Stühle vor eine Leinwand gestellt hat, um ausgefallene Filme abseits des Mainstreams zu zeigen – mit seinem Kino gilt Grassmann aber als Vorreiter der gesamten Bewegung. Die Besucher und Cineasten kennen ihn jedoch nicht nur als Gründer, sondern auch als festen Bestandteil des Hauses. Regelmäßig ist er im Kino anwesend, begrüßt die Gäste vor allem vor Premieren und führt in die Filme ein. Oft sind Regisseure oder Darsteller mit von der Partie, um mit dem Publikum zu diskutieren.

Wenn Grassmann spricht, umspielt seine Augen oft ein spitzbübisches Lächeln, in seiner Stimme liegt der Unterton eines Menschen, der sich selbst nicht allzu ernst nimmt – trotz des inoffiziellen Status als Hamburger Kulturlegende, den er sich als Kinobesitzer, Produzent, Filmemacher und -förderer erworben hat. Tagsüber sitzt Grassmann in seinem Büro im ersten Stock des ›Abatons‹, er kann hier direkt auf den Vorplatz der Uni schauen, wo immer ein Kommen und Gehen ist, Fahrräder klingeln, die Studenten bei schönem Wetter auf der Straße ihren Kaffee trinken. Grassmanns Büro ist fast wie ein kleines Museum: An den Wänden hängen alte Fotos, Plakate und Programmankündigungen, im Regal stehen seine Bundesfilmpreise in Gold und Silber, die ihm 1993 verliehen worden sind. »Der silberne ist schon etwas angerostet«, stellt er fest.

Verkauf der Eintrittskarten in Grassmanns erstem Kino ›studio 1‹

Kinobesitzer wollte Grassmann eigentlich nie werden, sondern Seemann. Seinen Weg ins Filmgeschäft hat er dennoch halb geplant und halb zufällig gefunden. Als Schüler wurde der 1926 geborene Grassmann im Zweiten Weltkrieg eingezogen, musste von 1942 bis 1945 dienen, erst auf einem Marinesegler, dann an der Ostfront, danach kam er in amerikanische Gefangenschaft. Als er nach den Wirren des Krieges im Alter von 21 Jahren sein Abitur nachzuholen versuchte, merkte er, wie schwer ihm die Schule und der Umgang mit seinen erst 17-jährigen Klassenkameraden fiel. »Ich habe nach zwei Monaten aufgegeben«, sagt er. Doch Grassmann interessierte sich für Theater, dessen Geschichte und den Film – und schrieb sich als Gasthörer an der Hamburger Uni für entsprechende Vorlesungen und Seminare ein. Richtig studieren konnte er ohne Hochschulreife ja nicht. Aber in seinen drei Jahren an der Hochschule eignete er sich viel Wissen an und knüpfte wertvolle Kontakte, etwa zu den späteren Schriftstellern Walter Jens und Peter Rühmkorf, die ebenfalls in Hamburg studierten.

Nebenbei begann Grassmann, in einem Hamburger Filmklub zu arbeiten, er führte vor, wechselte Lampen aus, schnitt und klebte, riss Karten ab. Das Filmemachen, so dachte er seinerzeit, sei für einen eher mittellosen jungen Mann wie ihn kaum möglich – doch er irrte. »Nach einem der vielen Klubabende beim Warten auf die Straßenbahn fragte ich einen Freund beiläufig, was wohl ein Meter Film koste. Seine Antwort hat mich baff gemacht. Es waren 50 Pfennig.« Und so beschloss Grassmann, von nun an Filmproduzent zu werden.

Sein erster Streifen war ein ›Kulturfilm‹, den die Kinos seinerzeit vor dem Hauptfilmen zeigten, um Steuern zu sparen. Wenn ein Haus auch ›kulturell wertvolle‹ Werke zeigte, bekam es nämlich eine Ermäßigung der Vergnügungssteuer aufs gesamte Programm. Grassmanns Erstling trägt den Namen ›Ware unterwegs‹ und ist eine ironische Dokumentation der Arbeit und Bürokratie am Hamburger Hafen. Fast zufällig wurde er auf diese Weise auch Kinobesitzer: Um der hanseatischen Kaufmannschaft, die ihn finanziell unterstützte, den Film zum ersten Mal zeigen zu können, spannte er in einem alten Buchlager im Hinterhof der Schmilinskystraße 8 ein Bettlaken auf und stellt ein paar Sitzgelegenheiten davor. Nach der Premiere wusste er nichts Besseres mit dem Raum anzufangen, kaufte noch ein paar Gartenstühle dazu und gründet kurzerhand das 25 Plätze zählende ›studio 1‹. Einer seiner ersten dort gezeigten Filme ist bis heute sein Lieblingsfilm: Charlie Chaplins ›The Kid‹. Das neue Filmtheater sprach sich schnell in der intellektuellen Szene der Hansestadt herum, war oft ausverkauft. Doch nach drei Jahren gab es Ärger mit den Behörden – an Bau- oder Sicherheitsvorschriften hatte Grassmann nicht gedacht und die einzige Toilette benutzten Frauen wie Männer. Bis heute ein Ding der Unmöglichkeit. Das Kino musste schließen.

In den Jahren danach drehte Grassmann weiter Filme, arbeitete als Reporter für Zeitungen und Radio, wurde Pressechef beim Südwest-Rundfunk und Regisseur bei der 20-Uhr-Tagesschau. »Ich musste ja Geld verdienen«, sagt er trocken. Erst 1970 wurde Grassmann erneut – und dieses Mal endgültig – Kinobesitzer, als er das

›Abaton‹ gründet. Dass der Name aus dem Griechischen stammt und übersetzt so viel wie ›das Allerheiligste‹ heißt, hat Grassmann damals nicht gewusst. »Mir ging es darum, dass wir in den Kinoankündigungen in der Zeitung ganz oben standen. Der erste Buchstabe musste deshalb ein A sein und der zweite ein B.«

Das rote Sofa erstand Grassmann in einer ehemaligen Erotikbar

Das Gebäude, in dem das ›Abaton‹ untergebracht ist, war einst eine Garage, zunächst für Kutschen, dann für Autos. Bis heute befindet sich hier der große Saal; den kleineren Raum sowie die Büros im ersten Stock mietete er nach und nach hinzu. »Im Großen und Ganzen ist hier alles so geblieben, wie es früher war«, sagt Grassmann. Zuerst wollte er statt Kinosessel Sofas aufstellen, allerdings fürchteten die Behörden gewissermaßen ein Sodom und Gomorrha – also unsittliches Verhalten der Gäste. Schließlich wurden Holzstühle aus einem anderen alten Filmtheater gekauft.

Ein Sofa gab und gibt es im ›Abaton‹ dennoch, es war früher dunkelgrün und ist heute leuchtend rot. Es steht im Foyer unter einem großen Schwarz-Weiß-Foto, das eine der wohl berühmtesten Szenen aus ›Casablanca‹ zeigt: eine schmachtende Ingrid Bergmann zusammen mit einem schmachtenden Humphrey Bogart. Das Sofa hat Grassmann in den ersten Tagen des Kinos bei einem Ausverkauf einer Erotikbar auf der Reeperbahn erstanden. Nicht nur Besucher haben seither darauf gesessen, sondern auch Filmstars. Mehrere Nächte diente das Sofa etwa US-Schauspieler und -Regisseur Dennis Hopper als Schlafplatz, als dieser für einen Dreh an der Elbe war.

»Ich bin als Kinobesitzer glücklich«, sagt Grassmann. Das will schon was heißen, wenn man eigentlich andere Absichten hatte und auf ein langes, wechselhaftes Leben zurückblickt. Dass aus der Seefahrerei nichts geworden ist, bedauert er heute nicht. »Ich habe einmal eine Lesung bei einer Kreuzfahrt im Südatlantik gemacht. Aber das hat mich enttäuscht. Das war für mich nichts.« Nahe an seinem Filmtheater, im Grindelviertel, liegt auch Grassmanns Wohnung, er lebt dort im vierten Stock eines Altbaus, ohne Fahrstuhl. »Treppensteigen hält schließlich gesund.« Wenn er nicht gerade im ›Abaton‹ ist, fährt er mit dem Auto in den Osten Deutschlands. »Und zwar im Schneckentempo«, wie er sagt. Er guckt sich dann die Gegend an, Orte und Landstriche, »in denen die Coca-Cola-Werbung noch keinen Einzug gehalten hat.«

Und dann ist da auch noch Grassmanns Familie: drei Söhne, acht Enkelkinder. Seine Filmliebe hat sein jüngster Sohn Felix geerbt, er soll einmal der Nachfolger seines Vaters werden und das Filmtheater am Allendeplatz übernehmen. Grassmanns Freund, der Regisseur Rosa von Praunheim, hat mal einen Film über Grassmann und das ›Abaton‹ gemacht, in dem der Kinobesitzer spitzbübisch-verschmitzt sozusagen seinen letzten Willen formuliert. Er wolle nämlich eingeäschert werden und dann sollten seine Söhne die Asche rings um das ›Abaton‹ verteilen. »So bin ich im Geiste immer hier. Und das wird man auch in der Presse bekannt machen, sodass die Leute, die ins Kino kommen, sagen, der Grassmann liegt hier irgendwo als Pulver«, lacht er. Doch noch ist der Grassmann ja da, im Geiste sowieso, aber vor allem in der Wirklichkeit. Wer heute ins ›Abaton‹ kommt, sollte also Ausschau halten, ob er ihn nicht sogar trifft. Vielleicht sitzt er ja auf seinem Lieblingsplatz auf der Heizung neben dem Tresen.

ABATON-KINO BETRIEBS-GMBH
ALLENDEPLATZ 3
20146 HAMBURG
WWW.ABATON.DE

23

Der Größte der Welt

Otto von Bismarck thront über dem Alten Elbpark

Ganz so gute Freunde waren sie ja nicht, die Hamburger und der erste deutsche Reichskanzler, Fürst Otto von Bismarck. Furchtbar übel hatten es die Hanseaten ihm nämlich genommen, als er Mitte der 1880er-Jahre den Status der Stadt als Zollausland beschnitt und den Handel auf einen begrenzten Freihafen reduzierte. Immerhin hatte man große Geschäfte machen wollen – und zwar überall, so viel es ging. Und Bismarck wiederum haderte mit Hamburgs starker Sozialdemokratie, die ihm ein Dorn im Auge war.

Ausgerechnet in Hamburg, im Alten Elbpark, wurde bereits 1906 das bis heute weltgrößte Bismarck-Denkmal eingeweiht. Es ist ein Koloss, 14,8 Meter hoch, mit Sockel sogar fast 35 Meter. Doch das Standbild war nicht als Ehrung für den ›Eisernen Kanzler‹ gedacht, sondern für das Kaiserreich. Dennoch war es als traditionell hanseatische Form der Rolandsstatue von Beginn an umstritten. Der, ein Schutzpatron? Niemals! So richtig auflösen konnte sich das angespannte Verhältnis erst viel später – obwohl Bismarck ab 1871 vor den Toren Hamburgs residierte und hier seine letzten Jahre verbrachte.

Heute fristet Bismarck im Alten Elbpark ein Nischendasein – wörtlich wie im übertragenen Sinne. Zwischen Reeperbahn und Landungsbrücken gelegen, wird er von zwei absoluten Hamburg-Highlights eingeklemmt, die Konkurrenz ist also groß. Zu allem Überfluss ist sein Sockel auch noch mit Graffitis bemalt. Doch das Denkmal gehört heute nicht weniger zu Hamburg wie der Michel oder der Dom. In den kommenden Jahren soll er auch saniert werden. Bismarck bleibt. Egal, was früher einmal war.

ALTER ELBPARK
SEEWARTENSTRASSE
20459 HAMBURG

24 Krokodile und ein Schrumpfkopf

Ursula Müller ist Wirtin im ›Schellfischposten‹

Sie ist fast so bekannt wie die Sendung selbst und gehört längst zum Inventar: Ursula Müller, resolute Wirtin der berühmten Kneipe ›Zum Schellfischposten‹ am Fischereihafen. Sie bedient die Gäste in der ARD-Late-Night ›Inas Nacht‹ und auch Moderatorin Ina Müller, die mit der Gastronomin weder verwandt noch verschwägert ist, bekommt von ihr in jeder Show ihr Bier. Nach geheimem Handzeichen mal mit, mal ohne Alkohol. Doch Ursula Müller ist auch abseits des Scheinwerferlichts gute Seele des traditionsreichen Lokals.

Der ›Schellfischposten‹ ist mehr als 100 Jahre alt und die älteste Seemannskneipe der Hansestadt. Wer sie betritt, kommt aus dem Staunen nicht mehr heraus: Da hängen ausgestopfte Krokodile, von Bundesligavereinen signierte Fußbälle, Galionsfiguren und allerhand andere Schätze. Es sind Souvenirs aus aller Welt, die die Männer von Bord in all den Jahrzehnten mitgebracht haben.

Nina Paulsen: Frau Müller, die Kneipe ist jetzt seit mehr als 50 Jahre in der Hand Ihrer Familie. Sah es hier früher schon so aus?
Ursula Müller: Es war ein bisschen anders, es gab drei Tische, einen kleinen Tresen und eine große Musikbox neben dem Eingang. Ende der 60er hat mein Vater das Mobiliar dann verändert und den großen Tresen einbauen lassen, an dem jetzt auch Ina Müller mit ihren Gästen sitzt. Und die Dekoration ist seitdem immer mehr geworden. Jeder Seemann wollte gern, dass etwas von seinem Schiff hier hängt. Deswegen haben wir hier auch so viele Schiffsbilder.
Kommt heute noch Dekoration dazu?
Kaum noch. So etwas wie die Krokodile darf man heute ja gar nicht mehr aus den Herkunftsländern ausführen. Das hier ist fast alles ganz alt.
Was ist das Außergewöhnlichste?
Eine echte Rarität steht oben am Tresen: ein Schrumpfkopf!
Was ist das denn?
Den hat mal einer aus Papua-Neuguinea mitgebracht. Das ist eine Trophäe der Eingeborenen dort, die haben früher die abgetrennten Köpfe

Überall in der Kneipe hängen die Souvenirs der Seemänner

ihrer Feinde besonders behandelt und konserviert. So einen haben wir jetzt unter einer Plastikhaube stehen.

Wie ist Ihre Familie zu der Kneipe gekommen?

Mein Vater war eng mit der Seefahrt verbunden. Er ist jedoch nie selbst über die Meere gefahren, sondern war lediglich während des Krieges bei der Marine. Er hatte die ganze Zeit den Wunsch im Hinterkopf, einmal eine kleine Seemannskneipe aufzumachen. Und dann hat er sich den Laden hier ausgeguckt.

Hat Ihre Mutter die Kneipenidee unterstützt?

Der Anfang war schon schwer. Wir wohnten damals in Düsseldorf in einer schönen Gegend und sind im Mai 1962 nach Hamburg hierher an den Hafen gezogen, in die Wohnung direkt über der Kneipe. Ich war etwa zehn Jahre alt. Es gab hier noch viel Fischerei und es wurde viel getrunken. Ich, meine Mutter und meine beiden Schwestern waren etwas unglücklich.

Also war der ›Schellfischposten‹ früher eine richtige Seefahrerkneipe?

Ja, früher waren hier fast nur Seeleute. Nebenan ist ja auch das Seemannsheim. Die Männer, die dort lebten, hatten meistens nicht viel zu tun, außer zur Kneipe zu gehen. *(lacht)*

Eigentlich keine Umgebung für ein Kind.

Mein Vater hat uns deshalb auch von hier ferngehalten, wir durften nie in die Kneipe rein und mussten immer den Wohnungseingang über das Treppenhaus benutzen. Es gab noch einen Zugang über die Küche. Heute ist die Gegend ja viel schöner. Meine Tochter lebt jetzt mit ihrem Mann oben in der Wohnung.

Ihr Mann ist Hafenlotse. Wie haben Sie ihn kennengelernt?

In einer Kneipe! Das war in Altona. Hinter dem Bahnhof gab es dort früher viele kleine gemütliche Läden. Mein Mann wohnte da und machte an der Seefahrtschule sein Kapitänspatent. Dabei war mein Vater eigentlich streng, ich und meine Schwestern durften weder lange ausgehen noch einen Freund haben. Aber dann haben wir doch geheiratet.

Kommt der Name ›Schellfischposten‹ von Ihnen?

Nein, es gab ja schon mehrere Wirte vor uns. Hier rollte früher die Schellfischbahn, auf die der Fisch verladen wurde. Wer dort arbeitete, musste mit der elektrischen Bahn genau bis hierher zur Endhaltestelle fahren. Ursprünglich war die Kneipe der Warteraum, wenn es abends wieder nach Hause ging. So entstand der Name ›Schellfischposten‹.

Wann haben Sie begonnen mitzuarbeiten?

Solange der Laden noch meinen Eltern gehörte, habe ich hier nie gearbeitet. Erst, als sie Ende der 80er gestorben sind, haben mein Mann und ich den Laden übernommen. Wir haben ihn erst vermietet, aber das war eine Katastrophe. Die Pächterin hat die Kneipe runtergewirtschaftet und mehr getrunken als die Gäste. Wir haben ein bisschen überlegt und beschlossen, das selbst zu machen. Wir hatten ja keine Ahnung, wie viel Arbeit das macht. Anfangs kamen wegen des schlechten Rufs überhaupt keine Gäste.

Was haben Sie bis dahin gemacht?

Ich bin gelernte Zahnarzthelferin und habe zu der Zeit unsere Kinder erzogen. Wir hatten ein schönes Häuschen am Stadtrand mit Garten. Und dann ging es auf einmal los mit der Kneipe. Wir hatten zuerst eine Angestellte, die sich die meiste Zeit um den Laden gekümmert hat, irgendwann habe ich mich eingeklinkt und schließlich mein Mann. Es hat

Über dem Spielautomaten überblickt ein Holzpirat das Geschehen

allerdings Jahre gedauert, bis es hier wieder gut lief.

Und dann machte es Spaß.

Genau, wenn man sieht, dass es Erfolg bringt und nette Leute kommen. Wir fingen an, auch sonntags zum Fischmarkt zu öffnen. Mein Mann und ich sind dann gekommen und haben uns an den Tresen gesetzt, damit die Leute dachten, es sind schon Gäste da. *(lacht)*

Kamen damals schon so viele Touristen wie heute?

Es waren nicht so viele, doch Touristen kamen immer. Wir hatten ein ganz gemischtes Publikum: Seeleute, Hafenarbeiter, Taxifahrer – aber auch viele Fernfahrer, weil hier direkt der Autostrich war und die Mädchen hier standen.

Arbeiten Sie heute täglich mit?

Ich ziehe mich ein bisschen raus, es ist sehr viel geworden. Ich organisiere mehr und kümmere mich um Einkäufe und Bestellungen und stehe drei Mal die Woche hinterm Tresen: Samstag, Sonntag und Montagabend – und wenn hier in der Saison Alarm ist. Dann springe ich aufs Fahrrad und komme für ein paar Stunden rum.

Was servieren Sie hier alles – außer Getränken?

Nur Kleinigkeiten, vor allem belegte Brötchen mit Fisch, Brezel und Laugengebäck, Bockwurst, Fischfrikadellen, Würstchen mit Kartoffelsalat oder Matjesbrot mit ein paar Zwiebeln drauf. Aber wenn es ganz voll ist, machen wir die Küche zu. Dann gibt's kein Essen.

Wie sind Sie zu Ina Müller gekommen?

Sie kam zu mir, einfach so, an einem Samstag nach der Bundesliga vor acht Jahren. Ich wusste aber gar nicht, wer Ina Müller war, bis sie nach der Wirtin gefragt und sich bei mir vorgestellt hat. Sie erzählte, dass sie eine neue Sendung plant und dafür eine Kneipe sucht. Ich dachte am Anfang, es geht nur um eine einzige Sendung und habe zugestimmt, dass die hier drehen können. Daraus wurde dann bekanntlich mehr.

Sie haben ja sicher auch mehr Gäste seitdem.

Ja, es hat alles seine Vor- und Nachteile. Wir haben viel mehr Betrieb, es sind aber auch ein paar nervige Leute dabei. Das sind manchmal Scharen mit großen Rucksäcken, die stürmen hier rein und fotografieren alles, ohne zu fragen. Unsere Stammgäste finden das nicht so witzig. Die kommen ja her, damit sie in Ruhe sitzen und klönen können. Es rufen auch ständig Leute an, die Karten für die Sendung wollen. Viele wissen nicht, dass es gar keine gibt. Mehr als 14 Menschen passen hier gar nicht während der Aufzeichnung rein.

Und was ist mit den Leuten, die während der Sendung in der Kneipe zu sehen sind?

Das ist der Anhang von den Promis, die auftreten, und ein paar Leute, die Ina eingeladen hat. Der Sender vergibt auch Plätze. Manchmal kriegen wir ein paar ab, die wir dann an Stammgäste vergeben.

Neben dem Shanty-Chor vor dem Fenster steht auch immer eine Menschentraube vor Ihrem Laden, das kann man im Fernsehen gut erkennen.

Hier wird vorher mit einem Band abgesperrt, aber die Leute stehen schon mittags an, damit sie während der Sendung am Fenster gucken können. Ich sag Ihnen, das ist wie beim Schlussverkauf, wenn abends das Band weggenommen wird: Dann rasen die wie die Verrückten los zum Fenster! *(lacht)* Na ja, das wird wohl erst mal so weiter gehen.

Und wie lange wollen Sie den Laden noch weiterführen?

So lange ich fit bleibe und das Spaß macht. Schauen wir mal!

GASTSTÄTTE ZUM SCHELLFISCHPOSTEN
CARSTEN-REHDER-STRASSE 62
22767 HAMBURG
WWW.SCHELLFISCHPOSTEN.DE

25 Aus Israel nach Hamburg

Shlomo Bistritzky vermittelt jüdisches Leben im Grindelhof

Wenn Shlomo Bistritzky morgens in sein kleines Büro in der Talmud-Tora-Realschule im Grindelviertel kommt, wartete viel Arbeit auf ihn. Das liegt zum einen daran, dass Bistritzky seit Frühjahr 2012 Hamburger Landesrabbiner ist – und als solcher muss er nicht nur samstags in der Synagoge predigen, sondern sich ebenfalls um die Verwaltung kümmern. Zum anderen will Bistritzky aber auch mehr tun, als nur seinen Vertrag erfüllen. Er möchte die Jüdische Gemeinde Hamburgs weiterentwickeln, deren Herz das mehr als 100 Jahre alte rote Backsteingebäude der Schule ist. Er kümmert sich um den Ausbau des Hauses, besucht dienstags jüdische Familien und ist immer bei Fragen, Sorgen und Wünschen erreichbar.

Der Rabbiner will darüber hinaus Vermittler nach außen sein, der informiert und für Verständigung sorgt. »Auch unsere Nachbarn sollen sehen und verstehen, was wir hier tun«, sagt er mit seiner ruhigen, geduldigen Stimme. Ab und zu geht Bistritzky in Schulen. »Die Kinder lachen anfangs manchmal, weil ich für sie fremd und ungewohnt aussehe. Doch ich finde es wichtig zu zeigen, dass ich mich äußerlich unterscheide, aber dennoch ein Mensch wie alle anderen bin.« Sein Engagement ist ihm gewissermaßen in die Wiege gelegt worden. Geboren wurde er 1977 in Jerusalem und ist in Safed, einer Stadt im Norden Israels, als Sohn des Oberrabbiners aufgewachsen.

Nina Paulsen: Was bedeutet es, in einem orthodoxen Elternhaus groß zu werden?

Shlomo Bistritzky: Das ist für Außenstehende manchmal schwer zu verstehen. Wenn man aber in einer orthodoxen Familienumgebung aufwächst, kennt man nichts anderes. Ich wusste von Anfang an, wie mein Weg sein würde.

Also hatten Sie als Junge nicht einen der typischen Wünsche, Feuerwehrmann oder Astronaut zu werden?

Wir hatten und haben bis heute zum Beispiel keinen Fernseher zu Hause. Es gab demnach keine Idole, denen ich nachgeeifert habe. Ich beschäftigte mich stattdessen mit der Lehre und jüdischen Persönlich-

Der Grundriss der Bornplatzsynagoge auf dem Boden neben der Talmud-Tora-Realschule

keiten. Allerdings geschieht das alles spielerisch. Kinder orthodoxer Familien sammeln und tauschen nicht Aufkleber von Fußballspielern, sondern von großen Rabbinern.

Ihre Wurzeln liegen aber zu einem Teil auch in Hamburg.

Ja, mein Großvater ist in Hamburg geboren. Sein Vater hat in Skandinavien mit Tran-Öl gehandelt und kam so in den 20er-Jahren hierher und blieb. Es gab hier damals viel jüdisches Leben, viele Institutionen, Synagogen, Geschäfte und koschere Restaurants. Die Umgebung ist für orthodoxe Juden sehr wichtig. Am Shabbat, dem Samstag, benutzen wir keine elektrischen Geräte oder Autos. Das heißt, alles muss zu Fuß erreichbar sein. 1938 hat meine Familie Deutschland jedoch verlassen.

Shlomo Bistritzky gehört ›Chabad Lubawitsch‹ an, der größten jüdischen Organisation der Welt. »Es geht uns darum, allen Juden zu zeigen, was die schönen Seiten der Tora und der Traditionen im Judentum sind«, erklärt er. Für ›Chabad‹ war der Rabbiner bereits 1999 das erste Mal in Hamburg. Er nahm an einem Sommerprogramm teil, bei dem Studenten überall dorthin reisten, wo es kein ›Chabad‹-Zentrum gab, um mit den Juden vor Ort zu sprechen. Er und ein Freund fuhren mit dem Auto durch den Norden, nach Lübeck, Hannover, Bremen, Kiel – und nach Hamburg.

Wie kam es dazu, dass Sie in die Hansestadt umgezogen sind?

Ich und meine Frau wollten für ›Chabad‹ tätig sein. Der Rabbi hat zu mir gesagt: »Dein Großvater kam aus Hamburg, also geh doch dorthin.« Weil ich die Stadt schon ein wenig kannte, war ich einverstanden. 2003 sind meine Frau und ich hierher gezogen. Wir haben unser ›Chabad‹-Zentrum aufgemacht und sind mit einer Sonntagsschule und Programmen für Kinder gestartet.

Wie ausgeprägt war das jüdische Leben zu dieser Zeit hier?

Nicht sehr. Es gab die Synagoge Hohe Weide, die an den Wochenenden und an Feiertagen aktiv war, außerdem einen Kindergarten und den Friedhof. Unser Ziel war, zusätzliche Angebote zu schaffen – und ich bin froh, dass sich seither viel getan hat.

Das Grindelviertel trug früher den Namen ›Klein-Jerusalem‹, die Jüdische Gemeinde war vor dem Zweiten Weltkrieg vielfältig und ausgeprägt – und zählte fast 20.000 Mitglieder. Doch mit dem Holocaust wurde sie zerstört. Direkt neben der Talmud-Tora-Schule liegt das Grundstück, auf dem früher die große Bornplatzsynagoge stand. Sie fiel der Reichspogromnacht 1938 zum Opfer. Seit 1988 zeichnet ein Mosaik auf dem Boden als Mahnmal den Grundriss der Synagoge nach.

Seit einigen Jahren erblüht das jüdische Leben im Grindel wieder – auch dank Bistritzky. »3.000 Menschen gehören der Gemeinde heute an, doch es leben mindestens doppelt so viele Juden in Hamburg.« Bei einem Streifzug durch das Viertel kann man das auch sehen, etwa an jüdischen Geschäften und Cafés. Selbst die großen Supermarktketten haben koschere Produkte im Angebot. Und dann ist da noch die Talmud-Tora-Realschule, die 2007 wieder eröffnet wurde. »Gestartet sind wir mit zwölf Schülern«, sagt Bistritzky. »Heute haben wir 120.«

JÜDISCHE GEMEINDE IN HAMBURG
IM HAUS DER TALMUD-TORA-REALSCHULE
GRINDELHOF 30
20146 HAMBURG
WWW.JGHH.DE

26 Guten Abend, meine Damen und Herren!

Jan Hofer ist Chefsprecher der ›Tagesschau‹

Würde man die gesammelten Werke von Fjodor Dostojewski und Franz Kafka auf eine Wage stellen, sie hätten das Gewicht eines Reisegepäcks für einen Dreiwochentrip von Hamburg nach Schanghai. Bei Jan Hofer, der diese Bände und noch viele weitere an jedem einzelnen Tag mit sich herumträgt, wiegen sie zum Glück nur um die 100 Gramm. »Ich habe immer 1.000 Bücher bei mir«, erklärt er. »Und zwar in meinem E-Reader. Ich lese sie, so oft ich kann, mindestens jeden Abend vor dem Einschlafen.« Und dabei bleibt es nicht. Denn der Journalist und Chefsprecher der ›Tagesschau‹ ist wohl das, was man heute einen ›Newsjunkie‹ nennt: Im Auto läuft das Radio, natürlich schaut er sich im Fernsehen die Nachrichten an, er liest täglich Zeitung und hat zudem gleich zwei Sonntagsblätter abonniert. »Ich liebe es, darin in aller Ruhe noch einmal alles gründlich nachzulesen«, sagt er. Außerdem sei er ein ›Online-Freak‹. So oft es geht, informiere er sich im Internet über das Geschehen in der Welt.

Das alles ist natürlich ein wichtiger Teil seines Jobs, für den Hofer immer top informiert sein muss und bei dem er auch liest, allerdings vom Teleprompter. Los geht es – jedenfalls bei der meistgesehenen ›Tagesschau‹-Ausgabe um 20 Uhr – mit der simplen, aber schon fast legendären Begrüßung: »Guten Abend, meine Damen und Herren!« Durchschnittlich 8,7 Millionen Deutsche werden davon allabendlich angesprochen. Das Gesicht von Jan Hofer, der schon seit 1988 mit an Bord ist, kennen die meisten von ihnen gut. Ebenso wie das Format der Sendung selbst: sachliche, kurze Nachrichten, vorgetragen vor blauem Hintergrund, dessen Nuance sich im Laufe der Jahre ebenso wie die Begrüßungsfanfare verändert hat. Was den Rest betrifft, ist die ›Tagesschau‹ allerdings so verlässlich wie ein Uhrwerk. Sie ist damit zu einem Stück deutschem Kulturgut geworden.

Hofer wohnt in Hamburg-Lokstedt im Nordwesten der Hansestadt. Sein Arbeitsweg zu den Studios des Norddeutschen Rund-

Das Studio der ›Tagesschau‹ in Haus 18 in Hamburg-Lokstedt

funks (NDR), in denen die ›Tagesschau‹ aufgezeichnet wird, ist nur wenige Minuten lang. Der nahe gelegene Komplex des Senders am Hugh-Greene-Weg ist stolze elf Hektar groß – immerhin ist der NDR mit rund 7,7 Millionen Zuschauern auch die zweitgrößte Landesrundfunkanstalt der ARD, nach dem WDR. Einen zweiten Standort gibt es zudem am Rothenbaum, wo vor allem die Radiosender beheimatetet sind. Zahlreiche Formate werden in Hamburg aufgezeichnet, darunter das ›Hamburg Journal‹, das Medienmagazin ›ZAPP‹ oder die ›NRD Talkshow‹. Und im Haus 18 auf dem Betriebsgelände in Lokstedt die ›Tagesthemen‹, das ›Nachtmagazin‹ und eben die ›Tagesschau‹. In seiner Funktion als Chefsprecher, wie er sich seit 2001 nennen darf, kümmert sich Hofer um die Dienstpläne seiner Kollegen und um die Abläufe bei der Zusammenarbeit mit der Redaktion. Und er steht natürlich regelmäßig vor der Kamera. Während Technik und Übertragung heute hochmodern und hochauflösend sind, war früher vieles anders – nicht nur bei der berühmten Nachrichtensendung.

Jan Hofer, 1952 am Niederrhein geboren, wuchs allein mit den beiden Sendern ARD und ZDF auf, nachdem seine Familie Anfang der 60er-Jahre ihr erstes Fernsehgerät bekam. »Die ›Tagesschau‹ war Pflicht«, erzählt der Chefsprecher, »gerade in einem bürgerlichen Elternhaus wie meinem.« Als Jugendlicher war er politisch interessiert – Journalist werden wollte er aber eigentlich nicht. Sein Vater besaß einen Handwerksbetrieb, Heizungsbau und Klimatechnik, und der Sohn sollte in die Firma einsteigen, um sie später zu übernehmen. Doch für Jan Hofer war das nichts. Nach zwei Semestern Maschinenbau wechselte er an der Uni Köln ins Fach BWL. Weil er wie alle Studenten finanziell über die Runden kommen musste, suchte sich Hofer schließlich einen Job. Durch Freunde konnte er beim Auslandsrundfunk ›Deutsche Welle‹ anfangen – als Bote. »Es gab damals ja weder Computer, Handys oder Faxgeräte. Die Nachrichten und Meldungen kamen per Fernschreiber rein. Die habe ich sortiert und in die einzelnen Redaktionen gebracht.« Sein Studiengeld konnte er auf diese Weise gut aufbessern. »Ein Mal pro Woche in die Kneipe zu gehen, war drin«, lacht er. Mit einem Redakteur bei der ›Deutschen Welle‹ verstand sich Hofer besonders gut, half ihm im Studio, bis ihm eines Tages dessen Urlaubsvertretung angeboten wurde. Und auch die nächste Gelegenheit kam schnell: Für einen Beitrag war ein Sprecher ausgefallen – und Jan Hofer, der seine Schulzeit auf einem Internat verbracht hatte, war der einzige Anwesende ohne Dialekt. Also sprach er den Text spontan ein und machte seine Sache offenbar gut. »Eigentlich«, sagt Hofer, »ist es aber eine Aneinanderreihung von Zufällen, dass ich heute bei der ›Tagesschau‹ bin.«

Ein bisschen Arbeit steckt allerdings auch in seinem Werdegang. Nach dem Studium absolvierte Hofer sein Volontariat bei der Radiosendergruppe WDR, Deutschland Funk und Deutschlandradio. Er zog nach seiner journalistischen Ausbildung nach Saarbrücken und fing bei der ›Europawelle Saar‹ an. »Die hatten damals das innovativste Radiosystem in Deutschland und waren ein äußerst kreativer Sender. Da wollte ich hin.« Und er lernte dort alles, was man lernen konnte. Einschließlich gut zu essen und zu trinken. Er schmunzelt. »Wegen der Nähe zu Frankreich war das Saarland kulinarisch eine ganz neue Erfah-

Seine Leidenschaft sind neben der Literatur Oldtimer, mit denen Hofer sogar Rallyes fährt

rung!« Und es dauerte auch hier nicht lange, bis er im Regionalprogramm vor der Kamera stand. Bei der ›Tagesschau‹ wurde man so auf den jungen Journalisten in Saarbrücken aufmerksam – und bot ihm eine Stelle an. Der damalige Chefsprecher Werner Veigel stellte allerdings eine Bedingung: »Sie müssen nach Hamburg kommen. Sagen Sie jetzt Ja oder Nein.« Und Hofer sagte schweren Herzens Ja. Zunächst pendelte er noch ein halbes Jahr lang zwischen Saarbrücken und der Hansestadt, zog dann aber mit seiner damaligen Frau und seinem ersten von insgesamt drei Kindern an die Elbe. »Die Entscheidung ist mir wirklich nicht leicht gefallen. Aber sie war richtig«, sagt er.

Seine erste ›Tagesschau‹ sprach er 1988, eine Morgensendung um 10 Uhr, an die er sich noch gut erinnert: »Ich war unglaublich nervös und vor allem damit beschäftigt, mit der Technik zurechtzukommen.« Schon ein Jahr später sollte er jene Ausgabe moderieren, die er bis heute nicht vergisst: die am 9. November 1989, als die ehemalige DDR ihre Grenzen öffnete. »Schon die Tage davor waren unglaublich spannend, keiner wusste, was passieren würde.« Als schließlich die Mauer fiel, habe ihn das unglaublich bewegt. »Das war einer der aufregendsten Momente in meinem Berufsleben.« Es sind aber nicht nur die großen, sondern oft auch kleine Nachrichten, die ihm in Erinnerung bleiben. So wie diese: »Einmal war ein kleines Kind im Zoo in ein Affengehege gefallen. Alle hatten furchtbare Angst. Aber ein Affenweibchen hat das Kind dann vor den anderen Tieren beschützt. Das ist doch eine unglaubliche Geschichte«, freut er sich. Überhaupt, ergänzt Hofer, würde die ›Tagesschau‹ viel häufiger positive Ereignisse melden, als man ihr nachsage.

Mittlerweile hat er viel Routine. Angst vor Versprechern kenne er kaum noch und dank der modernen technischen Möglichkeiten im Haus 18 am Hugh-Greene-Weg bekämen die Zuschauer die meisten Pannen überhaupt nicht mehr mit, wie er verrät. Seine Gelassenheit dürfte auch daher rühren, dass er seine Freizeit mit einer Leidenschaft zu füllen weiß und darin einen Ausgleich findet: Hofer schraubt an Oldtimern, die bei ihm zu Hause in der Garage stehen. »Das ist wie ein Ritual, das mir wirklich große Freude macht.« Mit seiner Lebensgefährtin nimmt er sogar an Oldtimer-Rallyes teil. Und dann sind da ja noch die vielen Bücher, die Hofer, so oft es geht, verschlingt. Und seine neue Heimat.

Obwohl der Chefsprecher der ›Tagesschau‹ jetzt seit mehr als 25 Jahren in Hamburg lebt, hat er noch nicht aufgehört, die Stadt zu für sich zu erkunden. »Ich entdecke immer wieder neue Seiten«, sagt er. Gern auch mit dem Fahrrad oder zu Fuß. Durch die Hansestadt könne er trotz seines bekannten Gesichts nahezu unbehelligt laufen. »Hier sind die Menschen an mich gewöhnt«, sagt er. Ob es eine Meldung über Hamburg gibt, die er gern einmal verlesen würde? Er lacht. »Dass die Elbphilharmonie fertig wird!« Das würden viele Hamburger wohl genauso sehen. Das neue Konzerthaus in der Hafencity, das deutlich mehr Geld kostet als geplant, ist seit Langem ein Stachel im Fleisch der selbstbewussten Hansestadt. Aber es hilft nichts: Mit vier Jahren Verspätung soll 2017 eröffnet werden. Bis Hofer also die freudige Nachricht verkünden darf, werden noch viele Tage vergehen. Und viele Ausgaben der ›Tagesschau‹, bei denen es wohltuend zuverlässig heißt: »Guten Abend, meine Damen und Herren!«

TAGESSCHAU
NDR FERNSEHEN
HUGH-GREENE-WEG 1
22529 HAMBURG
WWW.TAGESSCHAU.DE

27 Stimmen für die Freiheit

Martina Bäurle zeigt Gästen den ›Museumshafen Oevelgönne‹

Sanft schwappen die Wellen gegen die hölzernen Schiffsbäuche, ein leichter Wind lässt die Flaggen an den alten Seglern ostwärts wehen. Martina Bäurle setzt sich auf eine Bank und hält ihr Gesicht in die Sonne. Der ›Museumshafen Oevelgönne‹ an der Elbe, in dem seit 1977 alte Schlepper, Kutter oder Feuerschiffe liegen, ist nur wenige Autominuten von der lauten Innenstadt entfernt. Hierher fährt die Geschäftsführerin der ›Hamburger Stiftung für politisch Verfolgte‹, um abzuschalten – und um ihren Gästen eine der schönsten Seiten der Hansestadt zu zeigen. Immer ein Jahr lang bietet ihre Einrichtung Menschen aus aller Welt mit einem Stipendium ein Zuhause und eine Atempause von Repressionen und Angst – und manchmal rettet sie auch Leben.

Gegründet wurde die Stiftung vom damaligen Hamburger Bürgermeister Klaus von Dohnanyi, der bis heute Ehrenvorsitzender ist. Der Erste Vorsitzende ist immer der aktuelle Regierungschef der Stadt, außerdem gibt es einen geschäftsführenden Vorstand. Dass es eine solche Einrichtung deutschlandweit nur an der Elbe gibt, ist kein Zufall: Mit fast 1.300 Stiftungen ist das Engagement der Bürger in keiner anderen Stadt größer. Hamburg ist Stiftungshauptstadt – und Martina Bäurle ist ein leuchtendes Beispiel dafür, wie wichtig solches Engagement ist.

Nina Paulsen: Wer findet über die Stiftung Zuflucht in Hamburg?

Martina Bäurle: Alle, die sich für Demokratie und Freiheit engagieren und deshalb Repressionen, Verfolgung oder sogar Folter in ihrem Land erleiden. Da sind ganz unterschiedliche Berufsgruppen bei, etwa Redakteure, Fotografen, Künstler. Zuletzt hatten wir eine indische Journalistin, eine syrische Schriftstellerin, einen iranischen Filmemacher, einen Gewerkschafter aus Simbabwe und eine Bloggerin aus Südossetien.

Was ist das entscheidende Kriterium für die Auswahl?

Das kann man schwer sagen, aber wenn jemand zum Beispiel in akuter Lebensgefahr schwebt, ist das natürlich gewichtiger, als wenn jemand ›nur‹ unter Berufsverbot steht. Doch die Auswahl, die der Vorstand

Viele alte Holzsegler stehen am Museumshafen in Oevelgönne

der Stiftung zu treffen hat, fällt jedes Jahr wahnsinnig schwer. Je nach Spendeneingang können wir bis zu fünf Stipendiaten pro Jahr einladen.

Was erwartet Ihre Gäste in Hamburg?

Zunächst erwarte ich sie. Wenn sie ankommen, stehe ich mit Blumen am Flughafen. Ich habe da schon so ein kleines Spiel und wette mit mir selbst, dass ich sie auf den ersten Blick erkenne.

Und? Klappt das?

Immer! Vielleicht liegt das an den suchenden Augen der Leute. Das ist aber jedes Mal ein ganz besonderer Moment, wenn sie aus dem Flieger steigen und endlich da sind. Im Anschluss bringe ich sie in eine unserer Wohnungen. Die sind schön eingerichtet und haben auch einen Computer mit Internetzugang. Dann lasse ich die Stipendiaten aber erst einmal in Ruhe, damit sie sich akklimatisieren können. Am nächsten Tag komme ich wieder, um alles Weitere zu besprechen.

Wer hilft Ihnen dabei?

Ich bin die einzige Festangestellte der ›Hamburger Stiftung‹. Ich sage immer, ich habe fünf Berufe: Geschäftsführung, Fundraising, Event-Managerin, Psychologin, Innenausstatterin für unsere fünf Wohnungen. *(lacht)* Unterstützung erhalte ich immer wieder aber auch von meinem Vorstand und einer Reihe ehrenamtlicher Helfer.

Das nenne ich eine Allrounderin …

Das stimmt. Aber es ist nun einmal mein Ansatz, dass ich nicht nur verwalten will. Natürlich habe ich für das Administrative ein Büro, aber ich versuche vor allem, eine Beziehung zu den Menschen aufzubauen. Die Stipendiaten sollen das Gefühl haben, in Hamburg willkommen zu sein. Dafür bin ich auch in meiner Freizeit für sie da.

Wie nah geht Ihnen das Schicksal der Leute?

Es ist ein sehr großer Unterschied, ob man davon in den Nachrichten hört oder einen Menschen vor sich hat, der es selbst erlebt hat.

Was tun Sie zum Ausgleich?

Ich habe einen tollen Mann, der mir zuhört und selbst lange als Kriegsreporter unterwegs war. Dadurch versteht er, wovon ich rede. Dann ist da natürlich auch meine wunderbare Familie. Und ich hole mir die nötige Entspannung am Wasser, so wie hier, am ›Museumshafen Oevelgönne‹. Ich fahre auch gern an die Ostsee, da finde ich meinen Frieden. Das hat für mich etwas Meditatives, das löst viele Probleme.

Woher kommt Ihre Liebe zum Wasser?

Ich komme aus Flensburg und bin also ganz nah an der Ostsee groß geworden. Mein Vater, der ursprünglich aus Bayern stammt, war Seemann und ist mit den großen Pötten über die Meere gefahren. Ich glaube, dass meine Herkunft viel mit meinem Beruf zu tun hat. Meine Mutter war Flüchtling und mein Vater hat sehr unter dem Krieg gelitten. Von solchen zerrissenen Biografien habe ich in meiner Kindheit viel mitbekommen. Ich denke manchmal, ich kann meinen Eltern ihre Erlebnisse zwar nicht mehr abnehmen, aber ich kann anderen Menschen, die aus politischen Gründen verfolgt werden, das Leben zumindest zeitweise erleichtern.

Wie haben Sie den Weg in Ihren Job gefunden?

Es fing mit dem Reisen an. Schon mit 17 Jahren hatte ich mir den Kopf gesetzt, nach Paris zu fahren, das Geld hatte ich als Krankenhilfsschwester neben der Schule verdient. Mit 18 bin ich dann nach Ägypten und Israel, mit 19 nach Simbabwe und so ging es weiter. Schließlich habe ich Spanisch und Französisch in Hamburg, Frankreich, Spanien und Chile studiert.

Martina Bäurle an der Elbe mit Stipendiatin Ana Lilia Pérez aus Mexiko

Also haben Sie schon einige exotische Länder gesehen.

Ich wollte einfach alles kennenlernen. Nach Chile bin ich über Frankreich gekommen, weil ich dort viele chilenische Exilanten kennengelernt habe, die unter dem Pinochet-Regime gefoltert und des Landes verwiesen wurden. Da wurde ich zum ersten Mal politisiert und habe viel darüber gelesen, was eigentlich in Chile los war. Da habe ich beschlossen, mich zu engagieren.

Und auf diese Weise sind Sie zur Stiftung gekommen?

Genau. Zurück in Hamburg war ich in einer Organisation aktiv, um die Menschen über die Lage in Chile zu informieren. Ich bin dafür auch öffentlich aufgetreten – und so sprach mich Pastor Helmut Frenz an, der damals im Stiftungsvorstand war. Er war ebenfalls lange in Chile und hat dort vielen Menschen das Leben gerettet.

Haben Sie sofort zugesagt?

Die Stiftung stand in jener Zeit kurz vor dem Aus und Frenz meinte zu mir: »Du machst das jetzt.« Ich kam frisch von der Uni und war nicht sicher, ob ich das schaffe. Ich hatte dann noch ein Gespräch mit Klaus von Dohnanyi. Davor hatte ich riesige Ehrfurcht. Aber ich habe bestanden. *(lacht)* Jetzt bin ich seit 1991 dabei und ein alter Hase.

Ihre Stiftung bietet verfolgten Menschen ein Zuhause in Hamburg. Wie hilfsbereit sind die Hamburger?

Ich finde die Hamburger sind sehr offen. Die Menschen helfen weiter und bemühen sich. Es gibt viele, die unsere Stiftung mit Freude unterstützen.

Fällt es Ihnen leicht, Spenden einzusammeln?

Das ist schon mühselig. Die Stadt finanziert drei Stipendien jedes Jahr, aber wir brauchen fünf. Auch wenn unsere Stiftung tolle Arbeit leistet, von der viele andere überzeugt sind, konkurrieren wir doch mit anderen Spendenzwecken, etwa der Unterstützung von Kindern, Kunst oder Tieren – dafür Geld zur Verfügung zu stellen, fällt den Leuten offenbar leichter, weil es keine so schweren Themen sind. Es wäre schön, wenn wir das Ziel, das die Gründer der Stiftung formuliert haben, wirklich jedes Jahr einhalten könnten: immer fünf Stipendien zur Verfügung stellen.

Gibt es einen Ort in Hamburg, den Sie allen Stipendiaten zeigen?

Ja, ich gehe mit ihnen hierher und an den Elbstrand. Sie sind dann immer ganz erstaunt, dass wir an einem Fluss sind, aber es trotzdem einen Strand gibt. Und wir gehen an die Landungsbrücken, durch den alten Elbtunnel und nach ›Planten un Blomen‹, wo man sitzen, die schönen Pflanzen genießen und mitten in der Stadt einfach entspannen kann.

Wie kommt das bei Ihren Stipendiaten an?

Sehr gut. Sie lieben Hamburg, und zwar alle. Wir haben mittlerweile viele tolle Botschafter in der ganzen Welt, die Liebeserklärungen an Hamburg abgeben. Ein Fotograf aus Bangladesch hat vor einiger Zeit auch die sozialen Brennpunkte der Stadt fotografiert, die Bettler auf den Straßen oder die Roma mit ihren Akkordeons, Punks. Er sagte: »Ihr seid so reich, aber es gibt hier eine große Einsamkeit.«

Was wünschen Sie sich für die Zukunft?

Am Schönsten wäre es natürlich, wenn es die Stiftung nicht mehr bräuchte, weil die politische Verfolgung aufgehört hat. Aber das ist eine Illusion. Und deshalb wünsche ich mir, dass wir in jedem Jahr die Mittel haben, um fünf Verfolgte nach Hamburg einzuladen. Und dass die Hamburger uns mit reichlichen Spenden helfen, dieses Ziel jedes Jahr aufs Neue zu erreichen.

MUSEUMSHAFEN OEVELGÖNNE E.V.
NEUMÜHLEN 1
22763 HAMBURG
WWW.HAMBURGER-STIFTUNG.DE

[28]

Hamburgs erster Erster Bürgermeister

Max Brauer regierte im Rathaus

Es ist eines der schönsten Gebäude Hamburgs und mit seinem 112 Meter hohen Turm aus vielen Ecken der Innenstadt auch von Weitem gut zu sehen: Das Hamburger Rathaus, 1897 eingeweiht und erbaut im Stil norddeutscher Renaissance. Im Rundbogen über dem Eingang wacht Hammonia – die Schutzgöttin der Stadt. Der erste, der hier nach dem Zweiten Weltkrieg regierte, war der SPD-Politiker Max Brauer. 1946 bis 1953 war er frei gewählter Bürgermeister der Hansestadt – und lenkte die Geschicke Hamburgs zwischen 1957 und 1961 sogar noch ein zweites Mal.

Geboren wurden Brauer 1887 allerdings in ärmliche Verhältnisse – und in eine stetig wachsende Geschwisterschar. Wie sein Vater wurde er Glasbläser, engagierte sich aber früh in der Gewerkschaft und der SPD. Sein Revier hieß anfangs Altona, seinerzeit noch kein Hamburger Stadtteil, sondern eigenständige Gemeinde. Hier zog Brauer in die Stadtverordnetenversammlung ein und wurde 1924 Oberbürgermeister. Nach der Machtergreifung Hitlers ging er jedoch ins Exil in die USA.

1946 die Rückkehr. ›Da standen wir nach langen Jahren der Emigration vor unserer Vaterstadt und sahen das erschütternde Bild unüberschaubarer Ruinen‹, habe Brauer seinerzeit notiert, schreibt sein Biograf Erich Lüth 1972. Doch Brauer krempelte die Ärmel hoch. Noch im gleichen Jahr, am 22. Oktober 1946, wählte ihn die Bürgerschaft in sein Amt. Sein Thema war vor allem der Wiederaufbau. Als Bürgermeister ließ er Tausende Wohnungen errichten, Kohle für den Winter beschaffen, die Wirtschaft wachsen. Hamburg hat Max Brauer vieles zu verdanken. Seit 1960 ist er Ehrenbürger der Hansestadt.

HAMBURGER RATHAUS
RATHAUSMARKT 1
20095 HAMBURG
WWW.HAMBURG.DE

Der Turmbläser

Josef Thöne spielt auf dem Michel Trompete

Eine Uhr braucht Josef Thöne nicht mehr. Die Zeit hat er im Gefühl. »Michel-Türmer zu sein, ist mittlerweile in meine Persönlichkeit übergegangen«, sagt er, und eigentlich kann es auch gar nicht anders sein, wenn man wie er seit 1992 für eines der ältesten und wichtigsten Hamburger Rituale zuständig ist. Als Michel-Türmer steigt er jeden Morgen um 10 Uhr und jeden Abend um 21 Uhr auf die Hauptkirche St. Michaelis hinauf, um Trompete zu spielen: Einen Choral in alle vier Himmelsrichtung, erst Ost, dann Süd, dann West, dann Nord, eine bis zwei Minuten pro Seite, 365 Tage im Jahr. ›Zum Lobe Gottes, den Menschen zur Freude!‹, wie es auf einer Tafel am Turmaufgang steht. Mehr als 300 Jahre ist diese Hamburger Tradition alt und das Erbe, das Thöne angetreten hat, entsprechend bedeutungsvoll. Pünktlichkeit ist für die meisten Menschen eine Tugend – für ihn ist sie Pflicht.

Thönes Arbeitsplatz im Michel, wie die Kirche von den Hamburgern liebevoll genannt wird, liegt in etwa 100 Metern Höhe. Es ist der sogenannte Türmerboden im oberen Drittel des Turms. 279 Stufen führen hier herauf – und ein Aufzug. Wenn dieser nicht rechtzeitig kommt, weil gerade zu viele Touristen damit auf die Besucherplattform fahren wollen, muss Thöne die Treppe nehmen. Fünf Minuten braucht er, bis er oben ist, mit seinem Atem muss er dabei sparsam umgehen. Noch während die Glocke schlägt, holt er dann seine goldglänzende Trompete aus ihrem Futteral. Wenn der letzte Glockenklang verstummt und sich über Hamburg verliert, öffnet der Turmbläser eine kleine Klappe in dem Fenster, das nach Osten zeigt. Er setzt sein Instrument an die Lippen, holt noch einmal tief Luft – und spielt. Thönes Musik ist bei gutem Wetter und wenig Wind über weite Teile der Innenstadt hinweg zu hören.

Welchen Choral er trompetet, sucht er sich selbst aus. Wichtig ist nur, dass er zum Kirchenjahr und ein Stück weit zur Jahreszeit passt. »Ich kann im Sommer zum Beispiel abends nicht ›Der Mond ist aufgegangen‹ spielen, wenn draußen noch die Sonne scheint«,

Aufwendig geschnitzte Ornamente mit Hamburg-Wappen an den Kirchenbänken im Michel

sagt Thöne. Doch die Auswahl ist groß, immerhin gibt es 535 verschiedene Kirchenlieder. »Und wir haben die ungeschriebene Regel, dass sich kein Stück innerhalb von 14 Tagen wiederholt.« Mit ›wir‹ meint Thöne sich und seinen Stellvertreter. Allein wäre die Aufgabe des Michel-Türmers nicht zu stemmen, immerhin wird jeder mal krank oder macht Urlaub. »Auf dem Türmerboden liegt eine Liste, in die wir eintragen, was wir gespielt haben. Dann weiß der andere Bescheid.«

Dass die Musik sein Leben bestimmen würde, wusste Josef Thöne bereits früh. Der 1959 geborene Westfale fing im Alter von acht Jahren an, Trompete zu lernen, seine drei Schwestern nahmen Klavierunterricht. »Als ich 14 oder 15 war, wurde mir klar, dass man Trompete auch beruflich spielen kann und das nicht nur als Hobby machen muss«, erinnert er sich. Der Weg an die Musikhochschule war jedoch anspruchsvoll. »Wenn man dort mit dem Studium anfängt, muss man mit seinem Instrument schon sehr gut sein. Ich habe mich deshalb gezielt darauf vorbereitet und bei professionellen Musikern gelernt.« Thönes Mutter war musikbegeistert, obwohl sie selbst kein Instrument beherrschte. Die Eltern akzeptierten also den eher unkonventionellen Weg ihres Sohnes.

Hamburg kannte Thöne schon in jener Zeit gut, da seine ältere Schwester in die Hansestadt gezogen war. »Ich mochte das Flair und die Lebensart. Die Mentalität ist der in Westfalen sehr ähnlich«, sagt er. »Die Stadt hat mich sofort angesprochen.« Thöne bewarb sich nach dem Abitur an der Hamburger Hochschule für Musik und Theater und wurde angenommen. Hauptfach Trompete, Nebenfach Klavier. »Das Studium war äußerst zeitintensiv, auch wenn es nicht so viele Fächer sind.« Sein Instrument übte er zu dieser Zeit sieben bis acht Stunden pro Tag, Urlaub von der Trompete gab es kaum, freie Tage ebenso wenig. »Zehn Tage ohne Üben können dich ein viertel Jahr zurückwerfen«, erklärt Thöne. »Von nichts kommt nichts. Obwohl es die Castingshows im Fernsehen anders aussehen lassen: Musik professionell zu machen ist wirklich harte Arbeit.« Nach 16 Semestern schloss Thöne sein Studium mit dem Diplom als Konzerttrompeter und Musiklehrer ab. Wer damals als junger Berufsmusiker nach der Ausbildung in einem großen Orchester musizieren wollte, musste klein anfangen, bei einem Ensemble irgendwo in der Provinz. »Ich wollte aber in Hamburg bleiben und habe mich bewusst gegen diesen Weg entschieden.«

Zum Nachteil wurde das nicht. Als Ende der 80er-Jahre die Musicalwelle über die Elbmetropole schwappte, ergriff er seine Chance. Zwei Jahre nach dem Start von ›Cats‹ von Andrew Lloyd Webber fing Thöne bei Erfolgsinszenierung als Trompeter an. »Ich hatte schon immer ein Faible für andere Musikgattungen und habe das sehr gern gemacht«, sagt er. Er blieb fast zehn Jahre beim Musical, das im Operettenhaus am Spielbudenplatz auf St. Pauli bis 2001 aufgeführt wurde. Parallel begann Thöne seinen Dienst im Michel, erst übernahm er eine Urlaubsvertretung für den damaligen Türmer und schließlich auch die Leitung des Posaunenchors der Kirche, die er bis heute innehat. »Im Michel wird die Musik hoch geschätzt.«

Auch dem Michel selbst wird große Achtung entgegengebracht. Das 1685 errichtete Gotteshaus gilt mit seinem markanten dunklen Turm als eine der wichtigsten Barockkirchen Norddeutschlands und ist gleichzeitig die jüngste und größte der Hamburger Hauptkirchen. Und der Michel ist ein Wahrzeichen. Eine Million Touristen besuchen ihn jedes Jahr, innen bestaunen sie die größte Krypta Nordeuropas und von der Plattform auf dem Turm – noch ein paar Stockwerke über dem Türmerboden – die Aussicht auf die Hansestadt und den Hafen. Auch für Thöne, der mittlerweile viel Routine hat, sind die Momente über den Dächern der Stadt fast magisch. »Mein Arbeitsplatz ist für mich der schönste Ort in Hamburg. Die Stimmung ist jeden Tag anders. Manchmal bleibe ich abends noch so lange am Fenster stehen, bis die Sonne untergegangen ist.«

Vom Hafen aus gesehen, überragt der Turm des Michels fast die ganze Stadt

Ob die alten Michel-Türmer vor 300 Jahren diesen Zauber auch schon gespürt haben? Ihre Aufgabe war jedenfalls in erster Linie eine praktische, die Tradition stammt aus Zeiten, in denen es noch keine Uhren gab. »Wenn die Menschen den Choral gehört haben, wussten sie, wie spät es ist und wann die Stadttore geöffnet und geschlossen wurden«, sagt Thöne. Außerdem waren die Türmer früher gewissermaßen für den Brandschutz zuständig – immerhin konnten sie von ihrer exponierten Position aus als Erste und am besten sehen, wenn irgendwo in der Stadt ein Feuer ausgebrochen war, und die Menschen alarmieren.

Während die meisten Hamburger mit dem Michel-Türmer vertraut sind, wundern sich vor allem die Touristen, die auf dem Weg zur Aussichtsplattform zufällig am Türmerboden vorbeikommen, über den Musiker. »Es ist wirklich interessant, die Reaktion der Menschen zu beobachten, wenn ich am Fenster stehe und spiele«, sagt Thöne. »Die meisten halten kurz inne, warten und lauschen. Manche sind von den Klängen angerührt. Das finde ich sehr schön.« Etwas anders sei es bei Kindern: Sie würden oft intuitiv lauter reden, um sich trotz der Trompetenklänge Gehör zu verschaffen. »Und wieder andere holen ihre Handys aus der Tasche, um mich zu fotografieren«, lacht Thöne. »Aber damit habe ich kein Problem.«

Wenn er nicht auf dem Michel seine Trompete spielt, unterrichtet Thöne als Musiklehrer an der Staatlichen Jugendmusikschule – und übt weiter sein Instrument. Nicht mehr acht Stunden am Tag, so wie früher, sondern anderthalb bis zwei. Der Druck ist hoch. »Man steht als Berufsmusiker auf einer Rolltreppe, die permanent rückwärts läuft. Man muss also was tun, um nicht zurückzufallen«, erklärt er. Er hat deshalb einen eigenen, schallisolierten Raum in der Gemeinde, in den er sich täglich zurückzieht.

Auch wenn sein Job seine Freizeitgestaltung einschränkt – missen will Thöne ihn nicht. »Klar, man kann sich nicht ins Auto setzen und einfach mal spontan nach Paris fahren«, sagt er. »Und ich muss auch raus, wenn es draußen regnet, schneit und stürmt. Diese Aufgabe ist eine Verpflichtung, ohne Wenn und Aber.« Einzige Ausnahme ist allerdings der Sonntag. Dann steigt Thöne nur einmal auf den Michel-Turm: mittags um Punkt 12 Uhr.

HAUPTKIRCHE ST. MICHAELIS
ENGLISCHE PLANKE 1
20459 HAMBURG
WWW.ST-MICHAELIS.DE

30 Ohne Lotsen geht nichts

Ben Lodemann managt seine Brüderschaft in der Elbchaussee

Leise klopfen die Regentropfen gegen das Fensterglas. Mit jeder Windböe schwellen sie zu einem kurzen, hämmernden Stakkato an, um danach wieder zu dem zu verschmelzen, was der Hamburger im Allgemeinen ›Schietwedder‹ nennt. Die Elbe, die draußen vor dem Fenster zäh in Richtung Nordsee fließt, ist unter dem wolkenverhangenen Himmel nur eine trübe graue Suppe.

Langsam durchpflügt ein großes Frachtschiff das Wasser. Den Kurs, so viel ist sicher, kontrolliert ein Kollege von Ben Lodemann. Denn der Ältermann der Lotsenbrüderschaft Elbe, deren Vorsitzender, sitzt in diesem Moment in seinem Büro. Hier, in der sonnengelben, herrschaftlichen Villa der Bruderschaft gegenüber dem Fähranleger Teufelsbrück, genießt er einen ungehinderten Blick über den Fluss. Eine Aussicht, die sich die meisten Hamburger wohl wünschen – auch dann, wenn die Elbe mal nicht besonders einladend aussieht.

Lodemann macht das nichts aus. Was das Wetter betrifft, ist er Schlimmeres gewohnt. Als Elblotse muss er auch bei stürmischer Witterung in der tosenden Nordsee meist nur über eine wackelige Strickleiter auf einen großen Frachter steigen. Seine Aufgabe ist es dann, dieses Schiff durch den Fluss bis kurz vor den Hamburger Hafen zu manövrieren. Allein die Elblotsen wissen, wo die Fahrrinne breit und tief genug ist – und wohin man im Notfall ausweichen muss. »Es gab schon Situationen, in denen mir das Herz in die Hose gerutscht ist«, sagt Lodemann. »Die Elbe ist schließlich viel befahren.« Besonders brenzlig werde es, wenn etwa dem Kapitän eines winzigen Segelschiffs einfiele, plötzlich den Kurs zu ändern und den Fluss zu kreuzen. »Wenn ich am Steuer eines 320 Meter langen Frachters stehe, kann ich nicht einfach auf die Bremse treten«, erklärt der Loste. »Da muss man höllisch aufpassen, um die kleinen Segler, die sich oft selbst überschätzen, nicht zu überfahren. Aber wenn wir an Bord gehen, können die Kapitäne uns vertrauen, dass alles gut geht.« Er klopft auf seine Schreibtischplatte. »Bisher ist noch nie etwas passiert.«

Solch riesige Schiffe manövriert Ben Lodemann über die Elbe

Das Revier der Elblotsen von der Ansteuerungstonne vor der Mündung in der Nordsee bis zum Hafen ist gute 130 Kilometer lang. Über diesen Abschnitt wird ein großer Teil des deutschen In- und Exports abgewickelt: 2011 wurden 132 Millionen Tonnen Güter am Hamburger Hafen umgeschlagen. Damit das alles reibungslos läuft, sind die Lotsen 365 Tage im Jahr und 24 Stunden am Tag unterwegs. Auf rund 65.000 Einsätze kommen sie jedes einzelne Jahr. »Ohne uns«, sagt Lodemann, »ginge hier nichts.«

Die Lotsen können auf eine lange Geschichte zurückblicken, schon im 14. Jahrhundert waren sie in der Elbe und den Küstengewässern unterwegs. Seit 2013 ist Lodemann nun der Ältermann der Brüderschaft, die genau genommen keine richtige ›Brüderschaft‹ mehr ist, weil es unter seinen 266 Kollegen auch eine Schwester gibt. Seit 2003 ist der Vorsitzende im Dienst. »In dieser ganzen Zeit haben wir nur ein einziges Mal für drei Stunden unseren Betrieb einstellen müssen«, grinst er. »Da war das Wetter wirklich zu schlecht.«

An seinen Weg zur Seefahrt erinnert sich der 1967 im badenwürttembergischen Rastatt geborene Lodemann noch genau. Nach dem Abi wollte er ein wenig unterwegs sein und heuerte auf einem Schiff an. Außer ihm gehörten drei Ostfriesen zur Crew – und Lodemann verstand wegen ihres plattdeutschen Dialekts so gut wie nichts.

Das meistgesagte Wort an Bord lautete deshalb »Hä?« – also Norddeutsch für »Wie bitte?«. Allen Sprachbarrieren zum Trotz gefiel Lodemann die Seefahrt, und er blieb. Der Ausbildung als Schiffsmechaniker folgte ein Nautikstudium, später noch ein Sozialpädagogikstudium – und etliche Jahre auf dem Meer. Auf Frachtern, aber auch als Kapitän auf Expeditionsschiffen. »Das waren spektakuläre Fahrten in die Natur mit nur wenigen Passagieren. Auf solchen Schiffen gibt es wenig Komfort, aber umso mehr Abenteuer«, schwärmt er. Seine Frau, die er auf einem Großsegler kennenlernte, begleitete ihn auf diesen Touren. Wo war er genau? »Überall«, antwortet Lodemann. »Selbst in der Antarktis. Nur nach Indien habe ich es bislang noch nicht geschafft.«

Doch irgendwann hatte Lodemann vom Reisen genug, von den immer wieder auftauchenden Fragen: Wo bin ich morgen, welche Sprache spricht man dort und mit welcher Währung muss ich bezahlen? Er wollte sesshaft werden – und fing 2002 in Hamburg an. »Nach 18 Jahren auf See wollte ich an Land zu Hause sein.«

Die Hansestadt ist mittlerweile seine Heimat, die Elbe nennt er »meinen Fluss, den ich ganz genau kenne«. Spannend bleibt seine Arbeit für ihn trotzdem. Auch wenn er als Ältermann die meiste Zeit in seinem Büro in der Elbchaussee verbringe, sei man als Lotse immer auf neuen Schiffen mit immer neuer Besatzung unterwegs. Was ihn an der Elbe reize, seien ihre besonderen Herausforderungen. Die vielen kleinen und großen Schiffe, die hier mit ihm übers Wasser fahren. Lodemann lässt seinen Blick aus dem Fenster gleiten, wo der Regen noch immer in den trüben Fluss fällt. »In einem solch engen Revier zu manövrieren, ist für mich das Salz in der Suppe der Seefahrt.«

LOTSENBRÜDERSCHAFT ELBE
ELBCHAUSSEE 330
22609 HAMBURG
WWW.ELBE-PILOT.DE

Klei di an'n Mors

Wasserträger Hans Hummel im Rademachergang

Wer in eine große Ansammlung von Hamburgern die zwei Worte »Hummel, Hummel« hineinruft, dem schallt mit an Sicherheit grenzender Wahrscheinlichkeit aus allen Mündern dieselbe Antwort entgegen: Ein lautes, begeistert gerufenes »Mors, Mors«. Für fremde Ohren mag das ungewöhnlich klingen, aber »Hummel, Hummel – Mors, Mors« ist ein Ur-Hamburger Gruß, identitätsstiftende Losung und gemeinsamer Schlachtruf – und zwar überall in der Stadt. Man hört ihn nachts auf der Reeperbahn ebenso wie im Stadion des HSV.

Hätte Hans Hummel, der heute als Statue auf einem Brunnen im Rademachergang steht, zu Lebzeiten einiges anders gemacht, wenn er davon gewusst hätte? Als Johann Wilhelm Bentz geboren, war Hummel Anfang des 19. Jahrhunderts in der Hamburger Neustadt als Wasserträger unterwegs. Er soll eher griesgrämig seiner Arbeit nachgegangen sein, weshalb ihm die Kinder »Hummel, Hummel« hinterherriefen, zu damaligen Zeiten ein Spottruf. Und seine Antwort? Richtig. »Mors, Mors«, eine Abkürzung der plattdeutschen Beschimpfung »Klei di an'n Mors«, was so viel bedeutet wie die Aufforderung, sich gefälligst an seinem Hinterteil zu kratzen. »Hummel, Hummel – Mors, Mors« wurde auf diese Weise in der ganzen Stadt bekannt – und soll den Hamburger Soldaten im Ersten Weltkrieg sogar als Erkennungsruf gedient haben.

Hummel, mit seinem Tragejoch auf den Schultern und den schweren Wassereimern rechts und links, ist heute noch an vielen Orten in der ganzen Stadt zu sehen: Mehr als 100 mannshohe Figuren von ihm wurden 2003 bemalt und aufgestellt – einige davon haben bis heute ›überlebt‹. Anders als das Original sehen sie auch gar nicht griesgrämig aus.

HANS-HUMMEL-BRUNNEN
RADEMACHERGANG
20355 HAMBURG

32 Thailändischer Edelstein in Hamburg

Nappa Weger verzaubert ihre Gäste im Restaurant ›Manee Thai‹

Die Vorspeise

Die Tafel ist perfekt gedeckt: blütenweiße Tischsets und Stoffservietten, feinstes Porzellan, glänzendes silbernes Besteck. Nicht ein einziges Staubkorn liegt auf dem edlen Mahagoniholz. Nappa Weger zündet die Kerzen an und serviert den ersten Gang. Es ist Tom Kha Gai, ein Klassiker unter den thailändischen Suppen: Hühnchen mit Kokoscreme, Ingwer und etwas Chili. »Sehr beliebt«, sagt Nappa Weger und lächelt. Ihr kohleschwarzes Haar hat sie streng zurückgebunden, die Lippen zart rosa geschminkt, ihre Augen sind dunkel und klar. Sie greift zum Löffel. »Guten Appetit!«

Nappa Weger, Besitzerin des Restaurants ›Manee Thai‹, ist Tochter einer Thailänderin und eines Deutschen. Wann genau sie in Bangkok zur Welt gekommen ist, weiß sie nicht. Es muss 1941 gewesen sein, Nappa Wegers Mutter hatte jedoch erst einige Monate nach der Geburt ihrer Tochter die notwendigen Behördengänge erledigt und konnte sich nicht mehr an den genauen Tag der Niederkunft erinnern. Also ließ sie den 26. Mai in den Pass eintragen, auf gut Glück. Aber letztendlich ist ein Datum ja auch gar nicht so wichtig.

»Nicht zu scharf?«, fragt Nappa Weger. Sie kennt das Phänomen, dass hiesige Gaumen viel anfälliger auf Chili reagieren als thailändische. Schon als kleines Mädchen hat sie in Bangkok von ihrer Mutter das Kochen gelernt, nicht nur Thai, sondern auch deutsche Küche. Ihr Vater Rudolf Hampe, ein Maler, war Anfang der 30er-Jahre in das südostasiatische Land ausgewandert. Auf seine geliebten Rouladen und seinen Aufschnitt von zu Hause wollte er Tausende Kilometer entfernt dennoch nicht verzichten. In jeglicher Hinsicht wurde in der Familie das deutsche mit dem asiatischen Leben vermischt. »Zu Weihnachten haben wir einen Tannenbaum aufgestellt und es gab Kartoffelsalat und Würstchen. Zu Ostern haben wir Eier gesucht«, erzählt Weger. Obwohl ihr Vater konvertierter Buddhist war und sich in seinen Zeichnungen Tempeln und der thailändischen Kultur gewidmet hatte, blieb er im Herzen irgendwie doch Deutscher. Auch äußerlich war seine Herkunft

Tom Kha Gai mit Hühnerfleisch und Kokos ist eine der beliebtesten Vorspeisen

nicht zu übersehen. »Mein Vater hatte blonde Haare und blaue Augen. Er war ein sehr hübscher Mann«, sagt Weger. Das hat ihre Mutter wohl ebenfalls gedacht, als sie sich als Angestellte im königlichen Palast in Bangkok in Hampe verliebte, der dort zu Gast war. Auch Nappa Weger ist eine schöne Frau, heute wie früher. In ihrem Wohnzimmer an der Wand hängt ein Porträt, das ihr Vater von ihr gemalt hat, als sie ein junges Mädchen war.

Der Zwischengang

Nappa Weger bringt einen dampfenden Teller einer deutsch-thailändischen Eigenkreation: Rumpsteakstreifen in grüner Curry-Soße, dazu köstlich duftenden Reis. »Ich koche nicht nach Rezept, ich habe alles im Kopf«, sagt sie. »Und ich habe immer sehr viele Ideen.« Das sieht man auch an ihrer Speisekarte: Phad Prik Gaeng Moo Pha etwa sind pfannengerührte Scheiben vom Holsteiner Wildschwein in rotem Curry mit Thai-Kräutern.

Als die Gastronomin 20 Jahre alt war, ging sie mit der Familie des damaligen deutschen Botschafters in Thailand nach Bonn. Zum einen, um das Heimatland ihres Vaters und die deutsche Sprache kennenzulernen, zum anderen, um auf die Kinder des Diplomaten aufzupassen und ihnen Thai beizubringen. »Das war eine lustige Zeit«, erinnert sie sich schmunzelnd. Bei der Frau des Botschafters lernte sie zudem, wie ein Tisch richtig eingedeckt wird, wie Servietten ordentlich gefaltet werden, wie das Besteck neben dem Teller angerichtet werden muss. »Als hoher Besuch kam, habe ich dann einmal Thai gekocht«, sagt sie. »So wie zu Hause.« Das gefiel nicht nur den Geladenen, sondern auch ihren Gastgebern. Also kochte Nappa Weger künftig fast immer, wenn Gäste kamen.

Nach Thailand kehrte sie nicht mehr zurück. Sie hatte eine Tante in Berlin, ihr Bruder war nach Deutschland nachgekommen, Bekannte und Verwandte lebten in Hamburg. Also zog sie an die Elbe, verguckte sich in die Stadt – und in ihren Mann Hugo Weger, Generaldirektor einer Versicherung. Sie heirateten Anfang der 80er-Jahre. Er hatte bereits drei Kinder, und eine Tochter sagte eines Tages zu Nappa Weger: »Du kannst kochen, mach was draus!« Und das tat sie. Gab zunächst Kochkurse, kredenzte ihre exotischen Leckereien für Dinner-Partys.

Das Hauptgericht

Die Haut der Ente ist glänzend knusprig. Die Zubereitung ist aufwendig, Weger hat das Fleisch mit Honig und Sojasoße bestrichen und es dann mehrere Stunden im Ofen gebrutzelt. »Bitte schön«, sagt Nappa Weger und stellt das Gericht auf den Tisch. Sie ist Gastronomin durch und durch, natürlich dürfen sich die Gäste bei ihr immer zuerst bedienen. Zur Ente wird Ingwer und Senfkohl gereicht – und eine dunkle, würzige Soße nach einem Rezept von Nappa Wegers Mutter. Ped Yaang Pak Choi heißt das Gericht auf Thai.

Nach zehn Jahren Ehe starb Nappa Wegers Mann. Es war ein schmerzhafter Einschnitt für sie. Aber auch einer, der sie veränderte und zur Geschäftsfrau machte. Nach der einjährigen Trauerzeit, in der sie nur schwarze Kleider trug, wagte sie den entscheidenden Schritt: Sie eröffnete 1992 in Blankenese ihr erstes Restaurant, das ›Manee Thai‹. ›Manee‹, das heißt auf Deutsch ›Edelstein‹. Und zu genau dem entwickelte sich ihr Lokal in den Folgejahren auch. Das Restaurant wurde zum Geheimtipp für edle thailändische Küche,

Nappa Weger in der Küche ihres Restaurants mit Koch Kanes Inchai

Politiker und Prominente versuchten hier ebenso einen Tisch zu ergattern wie alle Hamburger, die exotische Speisen und Getränke lieben. Nappa Weger stellte zur Unterstützung zwei Köche aus dem berühmten Hotel ›Mandarin Oriental‹ in Bangkok ein. »Bei mir kochen ausschließlich Thailänder«, sagt sie. »Das ist wichtig für das Essen.«

Vor allem aber ist die thailändische Küche sehr kleinteilig und kompliziert. Es gibt viel Gemüse in Streifen und Stückchen zu schneiden und viele Gewürze, die mit dem Mörser per Hand zerkleinert werden müssen. Der Stoß des Mörsers ist ein Geräusch, das Nappa Weger an ihre Mutter und ihr Zuhause erinnert. »Ab drei Uhr nachmittags hörte man es im ganzen Haus: ›bong, bong, bong‹«, lacht sie. Nappa Weger denkt gerne an ihre Vergangenheit. Ihre Wohnung direkt an der Elbe ist ein Sammelsurium aus Souvenirs und Geerbtem, Gemälden und Zeichnungen ihres Vaters, Fotos, goldenen Buddha-Statuen aus Thailand, Vasen, Antiquitäten, großen Teppichen und Porzellan. Unendlich viele Details, unendlich viele Geschichten. »Noch Ente?«, fragt sie.

Das Dessert

Nach einem Jahrzehnt in Blankenese musste das ›Manee Thai‹ zum ersten Mal umziehen. Zuletzt servierte Nappa Weger ihre Speisen südwestlich des Hamburger Rathauses, in der Innenstadt. Seit Herbst 2013 ist das ›Manee Thai‹ in der Brandstwiete zu Hause, die Gäste können ihren Verdauungsspaziergang direkt in die nahe gelegene Speicherstadt verlegen. Bevor es jedoch so weit ist, gibt es noch Nappa Wegers Lieblingsnachspeise: Khao Niow Mamuang, eine orange-goldene Thai-Mango an süßem Klebereis und Palmzucker. Den Teller hat die Hausherrin stilecht mit der Blüte und dem Blatt einer Orchidee garniert. »Bitte zugreifen«, sagt sie. »Das ist typisch thailändisch.«

Nicht so typisch thailändisch wirken die Kleider, die Nappa Weger gern trägt. Sie sehen fast aus wie bayerische Dirndl. Doch die Gastronomin besorgt sich ihre Garderobe nicht im Süden Deutschlands, sondern lässt sie in ihrem Geburtsland schneidern, in dem noch das Haus ihrer Mutter steht und in das sie einmal im Jahr für drei bis vier Wochen reist. »Am liebsten in der Regenzeit, da ist es nicht so furchtbar heiß.« Und natürlich sucht Nappa Weger in Thailand auch nach kulinarischer Inspiration. Sie schaut, was in den Küchen der Restaurants und Hotels angesagt ist, welche Gewürze und Zutaten vielleicht zu ihren Gerichten in Deutschland passen würden. Und sie genießt es, wie früher das Wasser einer Kokosnuss zu trinken. »Als Kind habe ich in den warmen Monaten bestimmt 20 Stück am Tag ausgetrunken, weil ich so durstig war«, lacht sie. In Hamburg gibt es die thailändischen Kokosnüsse leider nicht – aber sonst alles, was sie braucht. Die Hansestadt ist Nappa Wegers neue Heimat, in der sie Familie und viele Freunde hat. Und natürlich ihren kulinarischen Edelstein, das ›Manee Thai‹.

Ihr Mangodessert ist fruchtig, der Reis klebrig und süß. Es ist eine Nachspeise mit Fernwehpotenzial. Und genau das ist es wohl, was die Gäste von Nappa Weger an ihrem Essen so lieben. »Und, hat es geschmeckt?«, fragt sie hoffnungsvoll. Natürlich hat es. Und wie. Nappa Weger lächelt entspannt. Auf dem Tisch nebenan wartet bereits der Tee.

MANEE THAI
BRANDSTWIETE 46
20457 HAMBURG
WWW.MANEE-THAI.DE

33 Im weißen Schloss an der Alster

Peter Pusnik leitet die Geschicke des ›Hotels Atlantic‹

Man könnte sagen, das ›Atlantic‹ sei einfach ein Hotel. Das stimmt natürlich, ist aber reichlich untertrieben. Das strahlend weiße Gebäude an der Alster mit der berühmten Weltkugel auf dem Dach ist deutlich mehr: Teil des Hamburger Stadtbildes, Wahrzeichen, Legende, ganzer Stolz der Hansestadt – und der Mittelpunkt gesellschaftlicher Ereignisse. Seit 2009 ist der gebürtige Schwabe Peter Pusnik der Hoteldirektor.

Nina Paulsen: Was macht den Mythos des ›Atlantics‹ aus?

Peter Pusnik: Ein Grandhotel an sich ist ja schon ein Mythos, vor allem wenn es bereits seit über 100 Jahren lebt, atmet und den Geist vergangener Jahrzehnte über die Zeit hinweg bewahrt. Der besondere Mythos des ›Hotels Atlantic Kempinski Hamburg‹ findet seinen Ursprung zudem in der Kombination von monumentalem Gebäude – es wird ja seit jeher das ›Weiße Schloss an der Alster‹ genannt – und Bühne für staatstragende Ereignisse, Begegnungen weltberühmter Persönlichkeiten oder glamouröse Feste seit seiner Eröffnung im Jahre 1909. Hanseatisches Flair trifft hier auf mondänen Lifestyle und individuellen Luxus – diesem Charme kann sich keiner entziehen.

Erinnern Sie sich, wann Sie zum ersten Mal den Namen ›Hotel Atlantic‹ gehört haben?

Daran kann ich mich noch sehr gut erinnern. Es war im Jahr 1988, damals gab der legendäre King of Pop, Michael Jackson, in Hamburg ein Konzert und stieg im ›Hotel Atlantic‹ ab. Über dieses Großereignis wurde natürlich in sämtlichen Medien ausführlich berichtet, und somit habe ich im Fernsehen erstmals die imposante, von zwei Karyatiden getragene Weltkugel gesehen. Der Anblick hat mich vom ersten Moment an fasziniert.

Haben Sie schon als Kind vom Hotelgewerbe geträumt?

Schon früh hatte ich den Wunsch, Koch zu werden. Ich glaube, das war irgendwie vorbestimmt. Und so habe ich diesen Weg eingeschlagen, jedoch leider bald erkennen müssen, dass andere deutlich besser kochen konnten. Es war also mein Glück, dass die Hotellerie viele Alternativen

Auf dem großen Teppich im Treppenhaus des ›Hotels Atlantic‹ fehlt England auf der Weltkarte

und andere spannende Möglichkeiten bereithielt, von denen ich eine genutzt und nie bereut habe. Heute kann ich sagen, dass ich mit Leib und Seele Hotelier bin – aber auch nach wie vor leidenschaftlich gern koche.

Was war das Ausgefallenste, was ein Gast verlangt hat? Und hat er es bekommen?

Tatsächlich erlebt man im Laufe der Zeit die skurrilsten Geschichten. Ich erinnere mich an einen Gast aus dem mittleren Osten mit einem besonders umfangreichen Körperbau. Da er weder in die äußerst geräumigen Duschen unserer Suiten passte, noch mit seinem Gewicht in eine Badewanne steigen konnte, musste eine andere Lösung her: Wir haben eine Badewanne vollständig ausgebaut und das freigelegte, ebenerdige Areal sozusagen zur individuellen Großraumdusche umfunktioniert. Natürlich hatten wir diesen Umbau, dank vorheriger Instruktion, schon im Vorfeld durchgeführt und konnten uns dann bei der Ankunft des Gastes davon überzeugen, dass sich der Aufwand mehr als gelohnt hat.

Welches ist das schönste Zimmer im ›Atlantic‹?

Die Frage nach dem schönsten Zimmer ist natürlich schwer zu beantworten, schließlich entscheiden da stets individuelle Geschmäcker und Vorlieben. Mein persönliches Lieblingszimmer ist die Nummer 409. Es befindet sich im vierten Stock, gleich neben der ›Atlantic‹-Suite, und bietet einen herrlichen Blick über die Außen- und Binnenalster. Neben

Jahrhunderte altem Stuck ist es vor allem die antike Holzvertäfelung mit Goldapplikation, die den außergewöhnlichen Charme ausmacht. Das edle Bad aus schwarzem Marmor ist sehr großzügig, und auf Wunsch kann die Suite zudem um ein anschließendes Wohnzimmer – Ecklage mit Traumblick – erweitert werden.

Auf einem blauen Teppich im Treppenhaus findet sich in der Mitte eine Weltkugel – ohne Großbritannien. Wie kommt das?

Gut beobachtet, das ist eine berechtigte Frage und führt zu einer kleinen Anekdote, die wir auch besonders aufmerksamen Hotelgästen hin und wieder erzählen. Der Legende nach ließ sich der Teppichdesigner im ersten Jahrzehnt des 19. Jahrhunderts, als das Hotel erbaut wurde, von dem nicht allzu herzlichen Verhältnis zwischen dem seinerzeit aufstrebenden Deutschen Kaiserreich und dem Englischen Königreich beeinflussen. Dementsprechend hat er einfach auf diese Insel verzichtet.

Nehmen Ihnen die Briten das übel?

Nein, weder heute noch damals, immerhin durfte das ›Hotel Atlantic‹ bereits in den dreißiger Jahren den Prince of Wales, den späteren König Edward VIII., als Gast begrüßen. Die Briten sind zum Glück nicht nachtragend.

Welches Ziel oder welchen Hamburger Ort würden Sie jedem Besucher in der Hansestadt vorbehaltlos empfehlen?

Neben unserem Innenhof – ein echter Geheimtipp für warme Sommernächte, ein Flair wie am Mittelmeer – würde ich jedem Hamburg-Besucher eine Bootsfahrt durch die Alsterkanäle ans Herz legen. Der Blick ins Grüne, auf imposante Jugendstilvillen, von hier aus sieht man die Stadt aus einer ganz anderen Perspektive, einfach wunderschön!

HOTEL ATLANTIC KEMPINSKI HAMBURG
AN DER ALSTER 72 – 79
20099 HAMBURG

34 Der Indiana Jones des Nordens

Rainer-Maria Weiss forscht im Archäologischen Museum

Es war jugendliches Draufgängertum, das ihn im Alter von 16 Jahren zum ersten Mal nach Hamburg brachte. Mit seinen Freunden hatte sich Rainer-Maria Weiss für 50 Mark ein Zugticket gekauft, mit dem man seinerzeit 24 Stunden lang gemeinsam überall durch Deutschland fahren konnte. Und klar war: »Wir wollten so weit weg von Zuhause, wie es irgendwie ging.« Weiss' Heimat war damals tiefstes Bayern, genauer Neuburg an der Donau, mehr als 700 Kilometer von Hamburg entfernt. Weiter weg ging es also kaum. »Wir haben uns einen Kasten Bier gekauft und sind einfach losgefahren«, erzählt der heutige Direktor des Archäologischen Museums in Hamburg-Harburg und Landesarchäologe der Hansestadt. Zehn Stunden hat die Reise gedauert, gerade einmal knapp vier Stunden standen den Jungs für ihren Aufenthalt zur Verfügung. Und sie taten genau das, was wohl jeder andere bei seinem ersten Hamburgbesuch in solch einer Situation und Konstellation getan hätte: Es ging mit der S-Bahn auf die Reeperbahn. Mit viel verlegenem Gekicher folgte ein Marsch über die Herbertstraße, wo schon damals die leicht bekleideten Mädchen vor den Häusern und an den Fenstern warteten.

Dass Hamburg 20 Jahre später seine neue Heimat werden sollte, ahnte der 1966 geborene Rainer-Maria Weiss bei diesem Ausflug noch nicht. Was er aber ahnte, war, dass seine Leidenschaft aus Kindestagen auch zu seinem späteren Beruf werden sollte. »Schon als Schuljunge habe ich Archäologe gespielt, bin bei uns über die Äcker gegangen und habe nach Überresten vergangener Zeiten gesucht, die der Pflug ausgegraben hat.« Das alles war, bevor die heute beliebten Abenteuer- und Entdeckerfilme wie jene über den US-Kinoheld Indiana Jones über die Leinwand flimmerten.

Sein Vater, als Lehrer Mitglied im heimischen Museumsverein in Neuburg, nahm ihn mit in die Steinbrüche in der Gegend, sie gruben nach Fossilien von Fischen und Krebsen. »Da hatte es mich irgendwie gepackt«, sagt Weiss. Sein erster Fund in den Kindheitstagen war ein Faustkeil aus Stein, den die Menschen in der Nean-

Das Fabelwesen auf dieser Schmuckspange ist das Wappentier des Archäologischen Museums

dertalerzeit vor Tausenden von Jahren als Werkzeug benutzt haben. »Das ist eine totale Rarität. Mir war damals noch gar nicht klar, was für ein seltenes Glück das war«, sagt er. »Die meisten Archäologen finden so etwas, wenn überhaupt, nur einmal in ihrem Leben.« Den Faustkeil hat er heute noch, allerdings ruht er in einem Schuhkarton auf dem Dachboden seines Elternhauses an der Donau.

Weiss erreichte Hamburg endgültig 2003 – und das über Umwege. Nach dem Abitur ging er zunächst nach Regensburg zum Studieren, Vor- und Frühgeschichte und Kunstgeschichte. Seine heutige Ehefrau, die er bereits in der Schule kennengelernt hat, begleitete ihn. Danach zog es beide nach Berlin, wo Weiss ein großes Ausstellungsprojekt betreute, seine Doktorarbeit über prähistorische Brandopferplätze schrieb und später sogar verbeamtet wurde. Die Familie dachte zu dieser Zeit, mit Berlin an ihrem Ziel angekommen zu scin. Doch dann kam der Ruf in die Hansestadt – und Weiss folgte ihm. »Ich habe den Wechsel von Berlin nach Hamburg als angenehm empfunden«, sagt er. »Hier sind die Menschen sehr freundlich.« Weiss' bayerischer Akzent ist jedoch noch immer unüberhörbar. »Den will ich auch nicht loswerden«, schmunzelt er.

Seine Kinder könnten heute allerdings Bayerisch kaum mehr verstehen.

Weiss wohnt mittlerweile mit seiner Frau, seiner Tochter und seinem Sohn in einem Haus in Harburg, südlich er Elbe. Hier arbeitet er als Direktor zum einen des Archäologischen Museums Hamburg und zum anderen des Stadtmuseums Harburg, das sich der Heimatkunde des Stadtteils widmet. Beide Häuser stehen sich direkt gegenüber und beherbergen eine große Anzahl an Relikten aus Stadtgeschichte und Archäologie. Als Landesarchäologe Hamburgs ist Weiss zudem für die staatliche Bodendenkmalpflege zuständig – und wird immer dann gerufen, wenn etwas gefunden wurde oder es irgendwo etwas auszugraben gibt.

Weiss gehörte auch zu jener Gruppe Wissenschaftler, die zuletzt nach der berühmten Hammaburg gesucht haben. Sie gilt als Ursprung der Hansestadt und gab ihr ihren Namen. Die Suche nach der Hammaburg ist in Hamburg allerdings ein Thema für sich. Die ›Zeit‹ hat einmal sehr passend geschrieben, es sei mit ihr wie mit dem Sänger Elvis, dessen echte Fans bis heute nicht an seinen Tod glauben wollen. Denn der wahre Hamburger glaubt fest daran, dass die Hammaburg eines Tages gefunden wird – auch wenn sich schon Generationen von Forschern und Ausgräbern an diesem Projekt die Zähne ausgebissen haben. Was man weiß, verdankt man allein literarischen Quellen: 817 nach Christus soll die Hammaburg gebaut worden sein und einem gewissen Erzbischof Ansgar als Schutz für dessen hölzernen Dom gedient haben. 845 wurde die Hammaburg jedoch durch die Wikinger zerstört. Was man bis heute nicht weiß, ist, wo sie genau gestanden haben soll. »Zumal man sich kein kleines Schloss Neuschwanstein oder ähnliches darunter vorstellen sollte«, erklärt Weiss. »Sondern eher eine kleine Anlage aus Erdwällen und Holzpalisaden.«

Die Keimzelle Hamburgs wurde stets in der Innenstadt unter dem Domplatz zwischen Altem Fischmarkt, Petrikirche und Pressehaus vermutet. Vor der geplanten Bebauung des Geländes im Jahr

Das Skelett eines urzeitlichen Tieres im Archäologischen Museum

2007 haben Weiss und sein Team hier auf einem 1.350 Quadratmeter großen Areal anderthalb Jahre lang Schicht für Schicht abgetragen und nach den Überresten gesucht. Gefunden wurde zwar viel, etwa eine Doppelkreisgraben-Anlage sowie einige durch Holz verursachte Verfärbungen im Erdreich – aber keinen Beweis für die Existenz der Hammaburg an dieser Stelle. Zwei große Grabungen auf dem Domplatz hatte es zuvor schon gegeben: zwischen 1949 und 1956 sowie zwischen 1980 und 1987. Weiss ist allerdings davon überzeugt, dass noch unter seiner Ägide als Landesarchäologe Antworten auf die seit Jahrzehnten schwelenden Fragen gefunden werden. Noch heute wertet sein Team die Grabungen von 2005 und 2006 aus. »Wir haben eine heiße Spur«, sagt er. Für manche wirkt es vielleicht etwas paradox, dass ausgerechnet ein Bayer nach der Wiege Hamburgs gräbt. Doch mit Heinrich Schliemann war es ja auch ein Deutscher, der die Ruinen der Stadt Troja in Griechenland fand.

Weiss ist sich sicher, dass seine Liebe zur Archäologie bestehen bleiben wird. »Die kindliche Faszination dafür hat mich nie verlassen.« Was für manch andere schlicht altes Zeug ist, begeistert ihn – und seine Augen leuchten, wenn er darüber zu sprechen beginnt. »Man muss sich das mal überlegen«, sagt er, »eine steinerne Pfeilspitze, die man auf dem Acker findet, hat vielleicht acht- oder zehntausend Jahre kein Mensch mehr in den Händen gehalten. Da frage ich mich sofort: Wem hat das gehört und was hat derjenige damit gemacht?«

In seinem Büro und seinem Zuhause bewahrt Weiss allerdings keine archäologischen Funde auf – auch nicht die, die er selbst ausgegraben hat. »Ich kann mir hier im Museum ja jeden Tag viel tollere Schätze ansehen.« Ein Lieblingsstück zu benennen, fällt ihm jedoch schwer. Wenn er bei einem Brand nur ein einziges Teil retten dürfte, wäre es aber wohl eine vergoldete Schmuckspange, die aus der Zeit um 300 nach Christus stammt. Auf ihr ist eine Art Fabelwesen abgebildet – eine Mischung aus Hund und Hirsch –, das heute das Wappentier des Archäologischen Museums ist. Dort findet man sie in einem Glaskasten im unteren Stockwerk zwischen Tierskeletten und andern Exponaten. Das Museum beherbergt heute mit rund 2,5 Millionen Objekten eine der größten Sammlungen zur Vor- und Frühgeschichte Norddeutschlands.

Ein Highlight für Besucher: Im oberen Stockwerk ist der Hamburger U- und S-Bahnplan großflächig auf den Boden gedruckt. Hier werden die Funde aus den einzelnen Stadtteilen gezeigt und der nächstgelegenen Bahnstation zugeordnet. »Jeder Besucher geht natürlich zuerst zu seiner Station, um zu schauen, was bei ihm vor der Haustür gefunden wurde«, erzählt Weiss. Ein wichtiger Bereich des Hauses ist die Museumspädagogik, es gibt zahlreiche Angebote für Kinder und Schulklassen. Die meisten Exponate anzufassen, ist hier zudem ausdrücklich erwünscht. Die Beschäftigung mit der eigenen Vergangenheit hat für Weiss nichts Gestriges. Im Gegenteil. »Sie lehrt uns Demut und zeigt uns, dass wir nur ein kleiner Teil der Weltgeschichte sind.«

ARCHÄOLOGISCHES MUSEUM HAMBURG
MUSEUMSPLATZ 2
21073 HAMBURG
WWW.AMH.DE

35 Wir sind Kinder der Sterne

Mit Thomas Kraupe im Planetarium ins All reisen

Wenn man Thomas Kraupe fragt, ob er eine Antwort auf die großen Fragen des Lebens hat, auf das Warum der Menschheit, ihren Sinn, den Anfang und das Ende, lehnt er sich zurück und holt tief Luft. »Wissen Sie, so einfach ist das alles nicht«, sagt der Astrophysiker dann und legt seine Stirn in Falten. »Die finale Antwort auf das alles gibt es nämlich nicht.«

Ein bisschen enttäuschend ist das schon. In dem kleinen, aber dafür umso höheren Konferenzraum des Hamburger Planetariums, dessen Direktor Kraupe seit dem Jahr 2000 ist, reichen die Bücherregale bis unter die Decke. Die Werke darin sind dicker als Telefonbücher und tragen so viel versprechende Titel wie ›Auf der Suche nach dem Rand des Universums‹, ›Geburt und Tod im Weltall‹ oder ›Raum, Zeit, Ewigkeit‹. Es sind Tausende Seiten mit Tausenden Erklärungsversuchen über das, was unsere Welt im Innersten zusammenhält. Doch selbst sie bringen die menschliche Erkenntnis offenbar nur Trippelschritte voran. »Eigentlich«, sagt Kraupe, »stößt man immer auf noch mehr Fragen. Aber genau das begeistert mich. Der Zauber bleibt bestehen, das Rätsel bleibt ein Rätsel.«

Es sind solche Sätze, bei denen das Publikum im Hamburger Planetarium an Kraupes Lippen hängt, wenn es sich unter der 21 Meter hohen Kuppel im sogenannten Sternensaal auf den Liegesesseln zurücklehnt und das bestaunt, was an die gewölbte Decke projiziert wird. Das ist natürlich der Sternenhimmel, die Planeten und unser Sonnensystem und was darin so unterwegs ist. Doch es ist noch viel mehr. Die Gäste tauchen in sorgfältig inszenierte Shows aus Musik und optischem Spektakel ein, die Kraupe selbst entworfen hat. Er ist damit nicht nur Astrophysiker und Direktor des Planetariums, er ist auch Intendant. Intendant eines Sternentheaters, das im alten, ehemaligen Wasserturm im Hamburger Stadtpark untergebracht ist: ein markanter roter Backsteinbau, der zwischen Rasen, Beeten und Bäumen schon fast majestätisch hoch in den Himmel ragt.

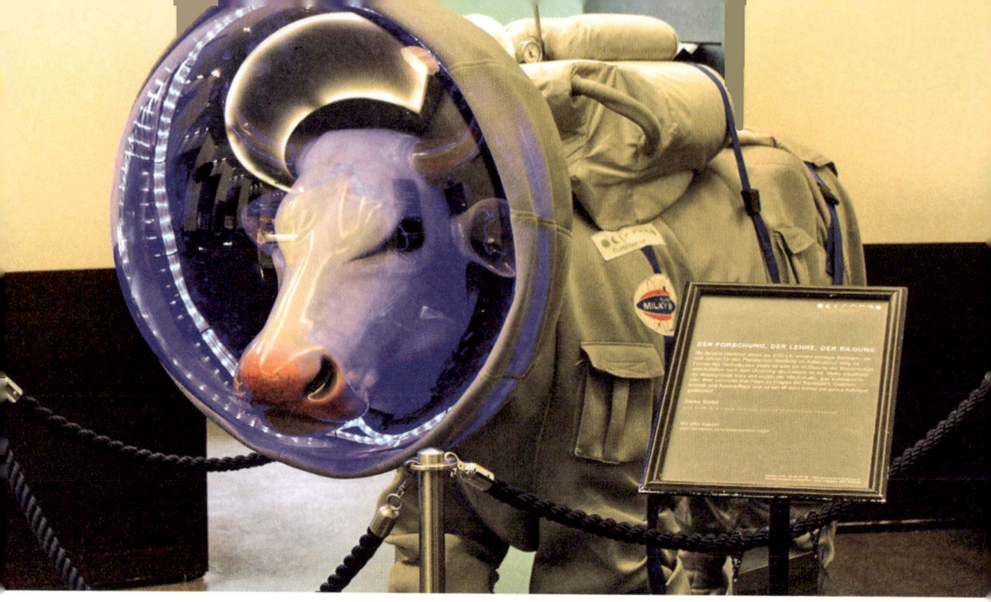

Weltraumkuh Stella ist das Maskottchen des Planetariums

Allein die Titel des Programms vermitteln einen guten Eindruck, worum es im Planetarium geht. Die Inszenierungen heißen ›Unendliche Weiten – vom Urknall zur Erde‹, ›Universe of Light‹ oder ›Dark Side of the Moon‹. Letzteres ist eine Hommage an die Band Pink Floyd, bei der das Planetarium durch die weltweit modernste Indoor-Laseranlage zur kosmischen Bühne für Musik, Bilder, 3D, Sterne und Effekte wird. »Grenzen gibt es nicht, alles hängt mit allem zusammen«, sagt Kraupe und meint damit einerseits Menschheit und Natur, aber auch Physik, Astronomie, Musik, Kunst und Psychologie. »Das Planetarium ist ein sozialer Ort, in dem Menschen zusammenkommen, um gemeinsam etwas zu erleben. Und wenn sie wieder rausgehen, tragen sie die Dinge weiter, die sie erfahren haben, und reden darüber. Genau das möchte ich hier pflegen.«

Wenn es bei Kraupe um die Sterne geht, ist seine Begeisterung übersprühend. Das war schon so, als er noch klein war, und seine Liebe zu den unendlichen Weiten entdeckte. 1956 am Südrand von München geboren und dort groß geworden, waren es zuerst die großen Abenteurer, die ihn als Kind faszinierten. »Dazu gehörten etwa Charles Darwin, Alexander von Humboldt oder auch Bernhard Grzimek, also Menschen, die auf Reisen gegangen sind, rätselhafte Orte gesucht und erforscht haben. Menschen, die versucht haben, mal querzudenken«, erzählt Kraupe. Nur wenige Minuten von seinem Elternhaus entfernt gab es einen großen Wald, in den er oft allein hinein- und mit Fröschen und Molchen im Gepäck wieder herausgegangen ist. Im Garten des elterlichen Mietshauses wollte er sogar einen Teich für die Tiere anlegen – sehr zum Ärger des Eigentümers. »Also hatte ich irgendwann ein Aquarium, um darin wenigstens Fische zu züchten.« Die Eltern waren sich damals eigentlich sicher, dass ihr Junge Zoodirektor werden würde.

Doch parallel verfolgte Thomas Kraupe in den 60er-Jahren das Apollo-Programm der NASA und den Wettlauf der Amerikaner und Russen zum Mond. »Ich habe jeden Zeitungsartikel darüber gesammelt«, erinnert er sich. 1972 bekam er sein erstes Fernrohr geschenkt. In seinem Gymnasium gab es zudem eine eigene kleine Sternwarte, in der er dann noch öfter in den Himmel schaute. »Thomas, willst du uns nicht mal etwas über die Planeten erzählen?«, hatte der Physiklehrer ihn eines Tages in einer Unterrichtsstunde gefragt. Und er wollte. »Mein Mitteilungsdrang und meine Begeisterung sind manchmal schwer zu bremsen«, lacht er. Nach seinem Abitur 1975 trat Kraupe ein Lehramtsstudium an. Die Fächer: Mathe und Physik.

Selbst als Student ging er weiter in seine alte Schule und durfte dort Astronomie unterrichten. »Ich weiß noch genau, dass ich mich auf jede Stunde akribisch vorbereitet habe und den Schülern immer das nahe gebracht habe, was ich gerade in der Uni gelernt hatte.« Kraupe macht eine kurze Pause und lacht. »Na ja, ich glaube, ich habe so manchen damit ein wenig überfordert. Es kann gut sein, dass sich die Stuhlreihen irgendwann etwas gelichtet haben.« Deshalb und nicht zuletzt wegen seines Engagements bei der Bayerischen Volkssternwarte spürte er, dass das Unterrichten wohl doch nicht das war, was er sein Leben lang beruflich machen wollte. In jener Zeit besuchte er mit den Kollegen von der Sternwarte erst klassi-

Sternensaal des Planetariums Hamburg im Laserlicht

sche Konzerte und fuhr danach mit ihnen in die Berge, um in den Himmel zu gucken. »Wir haben uns draußen die Nacht um die Ohren geschlagen und Sternschnuppen beobachtet. Das war eine äußerst prägende und inspirierende Zeit.«

Und so hängte er den Plan vom Lehrerdasein an den Nagel und wurde nach der Uni stellvertretender Leiter des Planetariums in Stuttgart – und konnte sich hier zum ersten Mal selbst darin versuchen, den Kosmos und Musik zusammenzubringen. Das lief derart gut, dass er auch für andere Häuser seine Sterneshows schrieb, unter anderem für die Planetarien im spanischen Castillon, im arabischen Riad, aber auch in Augsburg oder Kassel. Die Aufgaben wuchsen rasant: In München war er am Bau des damals modernsten Planetariums beteiligt, 1996 bis 2000 betreute er sogar in New York den Ausbau des Hayden-Planetariums. Zur Eröffnung kamen Hollywoodstars wie Tom Hanks und Jodie Foster. Und Kraupe war auf dem Planetariums-Olymp angelangt.

Eigentlich kann da ja nicht mehr viel kommen, sollte man meinen – doch für Kraupe kam Hamburg. »Ich war anfangs nicht so enthusiastisch. Wenn man aus München stammt, ist der Norden in vielerlei Hinsicht ein gewaltiger Unterschied«, sagt er. »Aber als ich den Turm zum ersten Mal gesehen habe, war ich sofort begeistert.« Das 1916 vollendete Gebäude hatte nur kurz seiner ursprünglichen Funktion gedient und den Stadtteil Winterhude mit Wasser versorgt. Schon seit 1930 ist es ein Planetarium – und hat damit eine lange, traditionsreiche Geschichte der Sternenkunde vorzuweisen. 2002, unter Kraupes Ägide, stand eine Renovierung in Millionenhöhe an, die aus dem Haus ein digitales Theater der neuesten Generation gemacht hat. Mehr als 300.000 Menschen kommen mittlerweile jedes Jahr. Damit ist das Hamburger Planetarium das erfolgreichste Sternentheater der Bundesrepublik – »und für mich eine Kathedrale des Kosmos«, wie Kraupe sagt.

Und ist der Himmel über Hamburg nun besonderer als anderswo? Nein, das könne man eigentlich so nicht sagen, überlegt Kraupe. »Es ist überall dasselbe Universum, aber über Hamburg sieht man etwas weniger vom Südhimmel und dafür vor allem den Nordhimmel, also deutlicher als anderswo den großen Wagen und den großen Bär.« Wer sein Planetarium besucht, um über solcherlei Dinge mehr zu erfahren, reist nach Kraupes Verständnis allerdings nicht nur ins All, sondern auch in sein eigenes Ich. »Unser Gehirn ist so komplex wie das ganze Universum. Das ist das Fantastische. Wir sind hervorgegangen aus dem Feuer der Sterne, der Himmel ist nicht nur um uns, sondern in uns«, schwärmt er. »Wir bestehen aus Sternenstaub, wir sind Kinder der Sterne.«

Eigentlich ist das ein ziemlich schöner Gedanke. Und immerhin eine kleine Antwort auf die großen Fragen des Lebens, deren große Lösung selbst die größten Denker unserer und vergangener Zeiten nicht gefunden haben. Damit muss man sich abfinden – zumindest ein bisschen. »Dabei leben wir in einer der spannendsten Zeiten überhaupt«, sagt Kraupe. »Wir sind privilegiert, wir können Fragen der Menschheit ganz neu und anders beantworten als unsere Vorfahren.« Sein Rezept ist klar: »Man muss lernen, die richtigen Fragen zu stellen und offen zu sein. Vor allem aber darf man nie seine kindliche Neugier verlieren.«

PLANETARIUM HAMBURG
OTTO-WELS-STRASSE 1
22303 HAMBURG
WWW.PLANETARIUM-HAMBURG.DE

XERVON
BLOHM + VOSS DOCK ELBE 17

A1
Bergedorf
A24
Billstedt
A25
Wandsbek
A1
5
A255
16
10
A1
35
A252
18
Wilhelmsburg
A253
Hamburg-
Nord
Hamburg
Harbu
26
Eimsbüttel
12
24
Altona
27
A7
20
Lurup
30
2
Neu
Wulmsdo
O
N
S
W

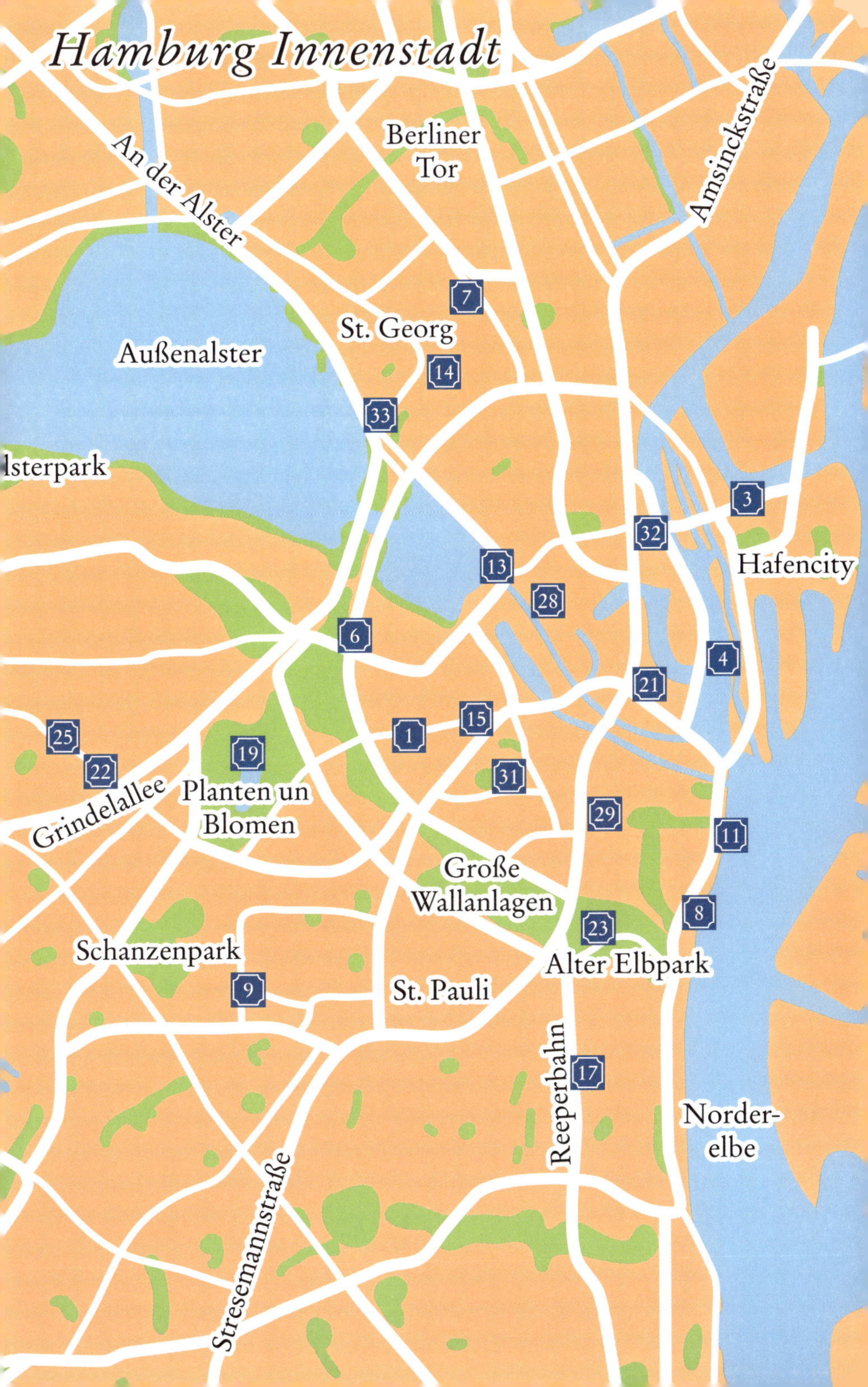
Hamburg Innenstadt
Berliner Tor
An der Alster
Amsinckstraße
7
St. Georg
Außenalster
14
33
lsterpark
3
32
Hafencity
13
28
6
4
21
15
1
25
19
22
31
Planten un Blomen
Grindelallee
29
11
Große Wallanlagen
8
23
Schanzenpark
Alter Elbpark
9
St. Pauli
Reeperbahn
17
Norderelbe
Stresemannstraße

Bildverzeichnis

Sofern hier nicht erwähnt, stammen alle Bilder von Nina Paulsen.

Innenseiten:
Franziska Holz 10; Mathias Bothor 14; Nina Paulsen, mit freundlicher Genehmigung von Monika Lühmann 16, 18; Sandrina ven Undin 22; Nina Paulsen, mit freundlicher Genehmigung des Miniatur Wunderlands 24, 26; privat, mit freundlicher Genehmigung von Annemarie Dose 30; Andreas Laible 34; Nina Paulsen, mit freundlicher Genehmigung von Herrn Baldermann, Generalbevollmächtigter des Hansa Theaters 38, 40, 42; Nina Paulsen, mit freundlicher Genehmigung der Stiftung RICKMER RICKMERS 46; Nina Paulsen, mit freundlicher Genehmigung von Stefan Wilms 48, 50, 52; Antonia Zennaro, mit freundlicher Genehmigung der Kulturfabrik Kampnagel 56; Conny Winter, mit freundlicher Genehmigung der Kulturfabrik Kampnagel 58; Nebahat Uzun 64, 68; Marcus Brandt/picture alliance/dpa 78; Janine Guldener 84; Anders Balari, mit freundlicher Genehmigung des Ernst Deutsch Theaters 86; privat, mit freundlicher Genehmigung von Katharina Pütter 88; Günter Zint/PANFOTO 94; Günther Glücklich 96; Nina Paulsen, mit freundlicher Genehmigung des Hamburger Sport-Vereins e. V. 98; Nina Paulsen, mit freundlicher Genehmigung der Deutschen Bundesbank/Hauptverwaltung Hamburg 110; privat, mit freundlicher Genehmigung von Werner Grassmann 116; Nina Paulsen, mit freundlicher Genehmigung von Werner Grassmann 118; Nina Paulsen, mit freundlicher Genehmigung von Ursula Müller 122, 124, 126; Mendi Hechtman 128; NDR/Holde Schneider 132; NDR/Markus Krüger 134; privat, mit freundlicher Genehmigung von Jan Hofer 136; privat, mit freundlicher Genehmigung von Martina Bäurle 142; Minya Diez-Dührkoop 144; Nina Paulsen, mit freundlicher Genehmigung der Hauptkirche St. Michaelis 146, 148; Nina Paulsen, mit freundlicher Genehmigung von Nappa Weger 158, 160, 162, 163; Hotel Atlantic Kempinski 164, 166; Nina Paulsen, mit freundlicher Genehmigung des Archäologischen Museums Hamburg 170, 172; Nina Paulsen,

mit freundlicher Genehmigung des Planetariums Hamburg 174, 176; Oliver Görnand / Planetarium Hamburg / tranquillium 178

Umschlag:
Gerrit und Frederik Braun: Sandrina ven Undin; Katharina Pütter: Janine Guldener; Jasmin Wagner: Mathias Bothor

Quellenverzeichnis

Beitrag 3 – Klaus Störtebeker:
Matthias Puhle: Die Vitalienbrüder. Klaus Störtebeker und die Seeräuber der Hansezeit, Frankfurt am Main Campus Verlag 2012

Beitrag 5 – Annemarie Dose:
Theo Sommer: Hamburg. Porträt einer Weltstadt, Hamburg Hoffmann und Campe 2007

Beitrag 23 – Otto von Bismarck:
Susanne Wiborg: Der größte Bismarck der Welt, in: Die Zeit, Nr. 23 vom 1. Juli 2006, Seite 98

Beitrag 28 – Max Brauer:
Erich Lüth: Max Brauer. Glasbläser – Bürgermeister – Staatsmann, Hamburg Christians Verlag 1972

Beitrag 31 – Hans Hummel:
Paul Möhring: Drei Hamburger Originale: Hummel – Zitronenjette – Vetter Kirchoff, Husum Hansa Verlag 1987

Lieber Leser, wenn Sie ein Feedback zum Buch geben möchten, bitte schreiben Sie uns! Autor und Verlag freuen sich über Ihre Rückmeldung.

stadtgespraeche@gmeiner-verlag.de

AUF MÖRDERSUCHE IN
IHRER NACHBARSCHAFT
GMEINER

»Spiel um dein Leben!«

Poker.
Ein Turnier.
Unsummen sind im Spiel.
Noch elf Spieler sitzen am Tisch.
Bis einer von ihnen, Joe Dixon,
tot vom Stuhl kippt …

Sara Hansen, Schutzpolizistin, hat es mit Glück und Geschick an den letzten Tisch des Turniers, dem sogenannten Final Table, gebracht und steht nun vor einer Herkulesaufgabe: Sie muss ihre Gegner – fast alles namhafte Profis – nicht nur beim Pokern durchschauen, sondern auch den Täter entlarven. Dabei gerät Sara selbst in Lebensgefahr.

Nina Weber
Dead Man's Hand
978-3-8392-1543-2

ENTDECKEN SIE UNSERE
LIEBLINGSPLÄTZE
GMEINER

LIEBLINGSPLÄTZE FINDEN SIE ÜBERALL!

- Liebevoll ausgestattete Reiselesebücher mit individuellen Tipps, die Lust aufs Entdecken und mehr machen.

ISBN 978-3-8392-1160-1

ISBN 978-3-8392-1256-1

ISBN 978-3-8392-1253-0

ISBN 978-3-8392-1154-0

ISBN 978-3-8392-1554-8

ISBN 978-3-8392-1361-2